SOLTEROS y ¿SIN COMPROMISO?

Un mensaje de esperanza para la soltería, el noviazgo y la preparación para el matrimonio según la Biblia

Dra. Elizabeth Bocaletti

Copyright © 2025 Dra. Elizabeth Bocaletti.

Título: "Solteros y ¿Sin Compromiso?"
Sub-Título: Un mensaje de esperanza para la soltería, el noviazgo y la preparación para el matrimonio según la Biblia

Dimensión: 215p.; 15,24 x 22,86 cm

ISBN:978-99939-2-482-1

Edición, diseño y diagramación:
Escuela de Autores
Fort Myers, Florida, 33905, U.S.A.
info@escueladeautores.com
✆ 13057078850
📞 (305)707-8850

TODOS LOS DERECHOS RESERVADOS
Cualquier parte de este libro NO puede ser reproducida o almacenada en cualquier sistema electrónico, mecánico, de fotocopiado, de almacenamiento en memoria o cualquier otro, o transmitida de cualquier forma o por cualquier medio.
SOLO CON EL PERMISO EXPRESO DEL AUTOR.

***

A cada lector, con amor y esperanza.

Que estas páginas te animen a esperar en Dios, a disfrutar tu presente y a confiar en que Él tiene planes de bien para tu vida y tu corazón.

— Dra. Elizabeth Bocaletti —

***

PRÓLOGO

Los hechos

Tengo 31 años, de los cuales viví 30 junto a la autora de este libro. Hace apenas un año me casé, y puedo decir que fue una de las mejores decisiones que he tomado. Dios se encargó de que fuera una decisión acertada y envió a mi mamá para enseñarme, cuidarme, interceder por mí, guiarme, e incluso estorbarme cuando fue necesario. Puedo asegurarte que este libro no es una hipótesis pendiente de confirmar sus proposiciones; en mi vida, experimenté la eficacia de estas enseñanzas.

Cuando era niña, me decían que daba consejos sabios. Probablemente a los adultos les sorprendía que una niña pudiera visualizar lo correcto en situaciones que excedían su entendimiento. Me creía "la muy, muy": la muy sabia, la muy capaz, la muy independiente. Cuando crecí un poco y llegué a la adolescencia, las hormonas y los cambios emocionales me jugaron malas pasadas.

Mi mamá me dijo una vez: "¿Cómo una niña tan sabia en otras cosas no lo es en las cosas del corazón?". Estoy segura de que, al escuchar esta pregunta —así como yo lo hice— pensaste en el rey Salomón: el hombre más sabio de la tierra, y después de él, no habrá otro igual. Salomón, que vivió tiempos de paz y prosperidad en su reino, tuvo 700 esposas y 300 concubinas.

1 Reyes 11:3-4 nos cuenta que sus mujeres inclinaron su corazón tras dioses ajenos, y su corazón no era perfecto con Jehová su Dios.

Al final, el rey Salomón tuvo un fracaso rotundo, a pesar de haber vivido una vida de éxito inmensurable.

Tomar una mala decisión respecto a la persona con la que elijas unirte y compartir tu vida puede traer fracaso, amargura, e incluso afectar a tus generaciones.

Al convertirme en una mujer profesional, como ginecobstetra, y al tomar decisiones importantes en la vida de mis pacientes en el hospital, volvió a aparecer esa "niña tan sabia en otras cosas"; pero cuando se trataba de elegir esposo, era como una oveja obcecada y ciega. Fueron un par de años difíciles para mis padres, quienes veían con claridad la voluntad de Dios para mi vida, mientras yo seguía siendo "sabia en mi propia opinión". Estaba encandilada.

Proverbios 3:5-6 dice: "Fíate de Jehová de todo tu corazón, y no te apoyes en tu propia prudencia. Reconócelo en todos tus caminos, y Él enderezará tus veredas." Cuando decidí ser obediente, entonces Dios enderezó mis pasos.

Mi oración desde niña había sido que Dios guiara mis pasos, y que si me desviaba a la derecha o a la izquierda, Él pusiera barreras y cercara el camino para que yo no me apartara de Su voluntad.

SOLTEROS Y ¿SIN COMPROMISO?

Mi mamá fue uno de los instrumentos que Dios utilizó para que mis decisiones no se alejaran de Su propósito. Ella fue una guerrera en ayuno y oración, clamando para que Dios abriera mis ojos.

La plenitud que hoy vivo en Cristo fue impulsada por ella, una mujer que sembró el temor de Jehová en mi corazón y que, con su ejemplo, me enseña a vivir cada día en la luz de Cristo.

Querido lector: la autora de este libro es una mujer llena de la Palabra de Dios, sabia, llena de fe y de muchas enseñanzas que te ayudarán a ver con claridad la voluntad de Dios para tu vida.

El noviazgo es un área muy importante, y el enemigo ha establecido un plan para destruir los hogares en nuestra generación. Es primordial abrazar la victoria que Dios ya ha obtenido para tu noviazgo y futuro matrimonio. Disfruta este libro y sus enseñanzas, ponlas en práctica, y Dios se encargará del resto.

Dra. Anneliese Bocaletti De León

ÍNDICE

INTRODUCCIÓN 15

Capítulo 1
ESPERANDO EL TIEMPO DE DIOS 19
    Así empezó todo 19
    Tic-tac... Tic-tac... el reloj está contando las horas 21
    ¿Y qué hay de nuevo en el noviazgo? 26
    Prepárate para ser feliz 33

Capítulo 2
SINTIENDO CON EL CEREBRO 49
    Háblale a tu alma 53
    Emociones diferentes 54
    Los inteligentes emocionales, lo que faltaba 56

Capítulo 3
Y EL COMPROMISO... ¿PARA CUÁNDO? 63
    Evaluando el riesgo 66
    El impacto 68
    Nivel de riesgo 70
    El disparador 72
    Los novios según la Biblia 76
    Características de la pareja 80
    ¿Qué tienes que ofrecer en el ambiente espiritual? 97
    ¿Qué llevas al matrimonio? ¿Cuál es tu provisión? 99

Capítulo 4

¿ALGUIEN DIJO SEXO? 105
   Algunas verdades sobre el sexo 109
   El poder de la sexualidad y el pecado 112
   Dios bendice el sexo dentro del pacto matrimonial ... 114
   El diseño de Dios fue corrompido por el pecado 115
   Satanás quiere robar la bendición del sexo 116
   Guardarse virgen hasta el matrimonio 119
   El sexo fuera del pacto matrimonial es pecado 121

Capítulo 5

CÓMO BUSCAR Y ESTAR AL ACECHO 127
   Actitudes equivocadas respecto al matrimonio 130
   Quieres tener amigos, debes mostrarte amigo 132
   Ponte el rótulo de "disponible" 137
   Tres claves para tener éxito en la búsqueda 139
   Buscando al o la idónea 143
   Descubre el autosabotaje 145
   Una palabra para los heridos 149
   Las diferencias entre hombres y mujeres 150
   APRENDAMOS 151
   Guardarse fiel a Dios, puestos los ojos en Él 158

Capítulo 6

DELEITARSE CON EL SEÑOR, ES EL SECRETO 161
   Deléitate en Dios 166
   Vivir por fe 168
   Una Fe relativa 171

Relájate, Dios tiene una herencia 173
Ser la persona correcta 177
Soltero por llamado............ 179

Capítulo 7
VIVIERON FELICES PARA SIEMPRE 185
Una relación de pacto 186
Un buen matrimonio............ 190
Sujetarse unos a otros 191
A pesar de la sabiduría............ 195
Viendo el corazón 197

Capítulo 8
ACTÚA PRONTO 203
No hagas esperar al amor 203
La mejor edad para el matrimonio 206
La decisión de comprometerse............ 210

INTRODUCCIÓN

Soltero soy feliz

¿Quién no desea ser una persona atractiva y feliz? Tener una vida llena de placeres, disfrutar de la vida colmada de cosas, modas, amigos y beneficios. Esa es la vida encantadora que seduce cada vez más a hombres y mujeres solteros. Obtener esto se considera la marca de una vida plena.

Queremos más beneficios y menos compromisos, más placeres y menos sufrimiento. Una vida sin compromisos parece ser la regla popular en la sociedad actual.

Con facilidad aceptamos vivir en un mundo sin compromisos; nada que implique poca o ninguna retribución resulta atractivo para una persona común, y mucho menos para un joven soltero que se encuentra en la plenitud de la vida. Mientras más joven es, más cree tener todo el mundo por delante.

Esta condición, alentada por una sociedad desesperanzada y desilusionada con el matrimonio, con fatídicos ejemplos de relaciones amorosas defectuosas, ha resultado en un menor deseo de asumir compromisos de pareja.

A esto se suma el fenómeno de los *millennials*, una generación caracterizada por su temor al compromiso. No quieren casarse ni sentirse presionados, comprometidos u obligados.

Rendir cuentas es su peor enemigo, mientras que estar cómodos y satisfechos es su mayor recompensa, sin dejar de lado el ideal de trabajar poco y ganar más. ¡Quién no quiere un poco de esa vida!

He escrito este libro con el consejo de mi esposo, resaltando la importancia de esperar en Dios —y de parte de Dios— a la pareja ideal para ti. Aquí encontrarás un resumen de las enseñanzas que Dios nos ha dado en nuestro caminar como siervos suyos, ministrando y aconsejando a los jóvenes a esperar en Él. Lo hemos escrito pensando en nuestros hijos: tanto en nuestros dos hijos de sangre y carne, como en nuestros muchos hijos espirituales. Dios lo inspiró especialmente para los adolescentes, los jóvenes y también los no tan jóvenes, que tienen el anhelo y la urgencia de encontrar a la persona indicada para su vida.

Pero si eres un adulto soltero o viudo, estas notas también pueden alentarte a descansar en Dios y en sus propósitos eternos.

La vida debe tomarse como una bebida refrescante: no tan rápido que te atragantes, pero tampoco tan despacio que te impida disfrutar cada etapa. El deleite está en saber que alguien vela por ti, por tu futuro, tus sueños y tus anhelos. Dios cumplirá Su propósito en ti (Salmos 138:8). Tus ilusiones y aspiraciones también son importantes para Él. Dios está tan interesado como tú en que encuentres a tu pareja. Ya la ha escogido desde hace mucho, y se emociona al pensar en lo bien que te hará estar acompañado. No es bueno —nunca lo ha sido— que el hombre o la mujer estén solos.

Dios lo planeó así, y por eso los jóvenes (y no tan jóvenes) solteros y solteras siempre tienen un pendiente en el corazón.

Nunca descansarán del todo hasta tener entre sus brazos a la doncella o al caballero de sus sueños. No aflojes, no desmayes, no te rindas hasta haberlo encontrado.

Pero es urgente entender que, mientras llega ese momento, es necesario vivir. **¡VIVE!** Disfruta las aventuras de cada día. Será maravilloso cuando él o ella compartan la vida contigo. Ese día llegará. Mientras tanto, dedícate a ser un hombre o una mujer de logros. Asegúrate de tener muchas satisfacciones, mucha felicidad, y muchas historias que llevarás al matrimonio.

No esperes hasta encontrar al amor de tu vida para ser feliz: sé feliz ahora. Como resultado, harás feliz a quien tenga el privilegio de compartir la vida contigo. Si no eres feliz siendo soltero, no lo serás cuando estés casado, y tampoco harás feliz a la persona a tu lado. Recuerda: la felicidad no depende de factores externos. Es una decisión del corazón que se siente plenamente satisfecho, que aprende a gozar y disfrutar la vida en cualquier circunstancia o adversidad.

Existe un gran riesgo en la constante comparación: ver que otros tienen pareja y tú no; que otros se casan pronto y tú aún no. Todos tenemos algo que otros no tienen. No te enfoques en lo que te falta. Enfócate en lo que tienes hoy. Lo mejor que te puede pasar ahora es tener a Cristo en tu corazón.

Es esencial reconocer que soy una persona plena porque mi plenitud está en Cristo. En Él nos gozamos, en Él sustentamos nuestra felicidad, y esa felicidad es genuina.

Aprende a disfrutar la vida junto al dador de la vida, y verás que cada persona a tu alrededor se contagiará de esa felicidad que portas.

Cuanto más feliz seas, más felicidad transmitirás a quienes estén cerca de ti, incluyendo a la pareja escogida de tu corazón, que más pronto de lo que imaginas, estará a tu lado.

Capítulo 1
ESPERANDO EL TIEMPO DE DIOS

Así empezó todo

Eran casi las tres de la tarde y solo queríamos que todos los invitados se fueran, para así poder comenzar nuestra nueva vida de **"… y vivieron felices para siempre"**.

Pero los invitados a la fiesta no parecían tener la misma urgencia. Se tomaron su tiempo y aprovecharon para conversar con viejas amistades y familiares que hacía mucho no veían. Así que no lo pensamos dos veces: nos escapamos de la fiesta sin siquiera probar el almuerzo.

Todo era romance, amor, ilusión, pasión y alegría. Por eso se le llama "luna de miel". Era una explosión de felicidad el día de nuestra boda. Apenas nos habíamos conocido dieciocho meses atrás, durante una guardia en el hospital, mientras estudiábamos la carrera de medicina.

El día que nos conocimos, jamás hubiéramos imaginado que terminaríamos viviendo juntos los siguientes 30 años... y seguimos contando.

Esa misma tarde, de rodillas en nuestra pequeña habitación, dimos gracias a Dios por permitirnos formar una familia. Había una frase que nos repetíamos una y otra vez, entre bromas y carcajadas: "¡Todos deberían casarse!"

Queríamos anunciarles a nuestros amigos, vecinos, ¡y al mundo entero!, que deben casarse, que es maravilloso estar casados.

Claro... descubriríamos unos cuantos meses después que no todo en el matrimonio es tan maravilloso... pero eso será tema de otro libro (para matrimonios). No queremos arruinar este ☺.

"Soltero y sin compromiso" es la frase que decimos con orgullo cuando andamos en búsqueda de compañía y aventura, pero no de un compromiso real.

Tal vez, en el fondo, estamos pidiendo a gritos cariño y nos repetimos: "**¡YO SÍ QUIERO** un compromiso!" Pero, ¿quién se atreve realmente a comprometerse?

Todos queremos, de vez en cuando, un poco de diversión. Pero cuando hablamos de "compromiso", no habrá muchos candidatos. Quizá haya un poco más de candidatas, pero aun así, cualquier diferencia de sexo queda anulada al pensar que ese compromiso es...

¡Para siempre! Esto significa que, el resto de tus días, verás el mismo rostro al levantarte. Y muchas veces, esa carita dulce y risueña que te ofrecía por las tardes tu enamorado, ya no será más que el fruncido ceño de tu pequeño Shrek.

Así que, ¡atención, atención, atención! ¡Que la función va a comenzar...!

Tic-tac... Tic-tac... el reloj está contando las horas

Juan estaba sentado en su silla, tan acomodado como siempre para ver televisión. No sabía qué otro canal zapear (*zapping*); ya había pasado por todo el circuito de opciones del cable. Parecía otra tarde aburrida de domingo. Las actividades de la iglesia habían terminado y, a sus 32 años, sus amigos de siempre disfrutaban del descanso en casa con sus esposas.

Juan era el único del grupo de cuatro amigos que no se había casado. Estaba buscando activamente crear un nuevo círculo de amistades, pero le resultaba complicado. La mayoría de los solteros eran mucho más jóvenes que él, y otros tantos eran solterones mayores y aburridos. Sentía que no encajaba en ningún grupo.

Habiendo terminado ya la universidad, con su propio vehículo, un ingreso promedio pero estable, sirviendo en el ministerio de alabanza y con un corazón deseoso de hacer la voluntad de Dios, se encontraba frustrado y, en cierta forma, desesperado. Un día me dijo: "¿Por qué siento que no encajo en ningún grupo? Esta es una mala época para mí."

Todos pasamos por una época de sequedad y aburrimiento alguna vez, pero para Juan, esto se había prolongado demasiado. Según él, estaba convencido de que ya se le había pasado "su momento".

Para agregarle más presión, sus padres y algunos amigos le habían repetido muchas veces que sus mejores oportunidades de tener una relación seria se le escaparon entre los 23 y los 27 años.

Si eres como la mayoría de los jóvenes, probablemente te preguntarás: "¿Por qué esperar el tiempo de Dios?"

En lo más profundo de ti revolotean preguntas como:

- "Si el chico más guapo de mi clase me está invitando a salir, ¿qué me asegura que este no es el mejor momento?"
- "Si la chica más linda de mi trabajo se muestra interesada en mí, ¿será ella la escogida por Dios? ¿Es ahora el tiempo?"

- "¿O simplemente soy tan atractivo o encantador que ella (o él) no ha podido resistirse?"
- "Al momento de caer en sus brazos, yo seré la persona más feliz de la tierra. ¿Será este el mejor momento?"

No te asustes, todas esas preguntas son normales y válidas. Pero déjame aclararte algo: El reloj de Dios no marca la misma hora que el nuestro. El tuyo y el mío tampoco marcan igual, porque para cada uno hay un tiempo distinto.

Eclesiastés dice: "Tiempo y ocasión acontecen a todos." Tu tiempo llegará a la hora que te corresponde. Pero, ¿y si Dios se ha olvidado de mí?, podrías pensar. No, Dios no se ha olvidado de ti. Él sabe que estás en la lista de las solteras más codiciadas o de los solteros más perseguidos.

Tú estás allí.

Pero no te apresures. Si dejas de vivir tu momento, habrás desaprovechado la bendición que Dios quiere darte al mostrarte las cosas hermosas de tu edad.

Lo realmente importante es sincronizar tu reloj con el de Dios. La hora de Dios debe marcar nuestra hora, no al revés. No se trata de ajustar Su reloj al nuestro, sino el nuestro al Suyo.

Si lo piensas, puede resultar gracioso ver a un niño tropezar y tirar la canasta del mercado de mamá. Pero no es tan gracioso cuando un adulto hace lo mismo. Hay un tiempo para todo.

Si eres joven, tienes toda la libertad de experimentar, de cometer errores y aprender de ellos. Este es tu tiempo para descubrir lo bueno de la vida: para estudiar, disfrutar tu carrera universitaria, pasear, conocer lugares nuevos. Es tu momento para viajar y seguir los sueños que Dios ha puesto en tu corazón.

Conocemos cientos de casos de jóvenes que, prematuramente, se ven obligados a casarse sin haber terminado la universidad —incluso muchos sin completar la secundaria—. Sus sueños y anhelos se ven truncados al no poder continuar sus estudios. Muchos soñaban con ser ingenieros o abogadas, pero al asumir la responsabilidad de formar un hogar, ya no eran los mismos estudiantes capaces de concentrar toda su energía en su carrera.

No me malinterpretes. Claro que hay hombres y mujeres casados, incluso con hijos, que logran obtener un título universitario. ¡Y muchos lo hacen! La gran mayoría de los estudiantes se gradúan ya con un compromiso familiar.

Pero lo que quiero decirte, joven, es que antes de asumir un compromiso familiar, debes vivir lo que nosotros llamamos: ¡TU MOMENTO!

Tu momento para disfrutar los años de juventud.

Tu momento para aprender a administrar tus finanzas.

Tu momento para alcanzar los anhelos de tu corazón: un viaje, un instrumento musical, un equipo deportivo, un proyecto personal...

SOLTEROS Y ¿SIN COMPROMISO?

Tu momento para completar tu carrera y disfrutarla.

Pero lo más importante de estar soltero es que este es el mejor momento para ocuparte de las cosas del Señor.

Este es tu momento para acercarte a Dios y conocerlo más.

Anótate en todo: participa en las actividades de jóvenes en la iglesia, visita albergues, orfanatos, asilos de ancianos. Ve a conciertos, campamentos, sal por un café con amigos que te edifiquen.

Vive tu momento como el momento de Dios. Asegúrate de que caminas en el tiempo de Dios para ti.

Cuando un joven teme a Dios desde temprana edad, tiene asegurado un futuro maravilloso.

> *"Yo también sé que les irá bien a los que a Dios temen."*
>
> *Eclesiastés 8:12*

No hay duda: cuando pones a Dios en primer lugar, todo lo demás se acomoda. Cuando desde temprano afinas tu oído para reconocer Su voz, no tienes de qué temer. Vas a lo seguro.

Es como un controlador aéreo que, desde la sala de control, da instrucciones a las naves. El piloto del aeroplano no puede ver en la noche oscura; incluso cuando es de día, no tiene visibilidad completa del lugar donde va a aterrizar.

Por eso, se asegura de sincronizar su radio en la frecuencia correcta con el controlador aéreo, y luego se concentra simplemente en seguir sus instrucciones. Escucha con atención las coordenadas, hace las maniobras precisas, y ajusta los instrumentos en su monitor según le es indicado.

Muchas veces, tú debes acelerar cuando vas en una cuesta. La velocidad es muy importante en la juventud; no puedes darte el lujo de perder el ritmo ni la energía que llevas.

Sin embargo, hay momentos en los que la compresión es maravillosa: te permite desacelerar con estilo y detenerte unos momentos para tomar un descanso y reflexionar. Luego puedes continuar tu marcha a una velocidad constante y segura.

Aprende a seguir las instrucciones del controlador de tu vida. Dios no te pedirá nada que no puedas hacer o para lo que no hayas sido entrenado. Espera en Dios; Él tiene el control. Él conoce el tiempo perfecto para que encuentres a tu pareja y recibas lo mejor que tiene para ti.

Nunca será demasiado tarde ni demasiado temprano en el tiempo de Dios. Él sabe cuál es el día y la hora planeados para que te cases y formes tu familia. No te desesperes; solo espera en Él.

¿Y QUÉ HAY DE NUEVO EN EL NOVIAZGO?

Cuando Dios creó a Adán y lo puso en el Edén, observó toda la creación y vio que era buena. Cada vez que Dios contemplaba lo que había creado, expresaba que su creación era buena. Solo hubo una cosa que a Dios le pareció que no era buena, lo único de lo cual expresa: "no es bueno", y es para decir "no es bueno que el hombre esté solo". No lo es. No es bueno verse solo o sola por el resto de los días en esta tierra.

Recuerda, por cierto, que la palabra "hombre" en Génesis se utiliza para referirse tanto al varón como a la mujer, pues dice:

> *"Creó Dios al hombre;*
> *varón y hembra los creó"*
>
> *Génesis 1:27*

Es idea de Dios que andemos en pareja, que encontremos a la persona ideal para tener compañía en nuestro caminar por la vida.

Con esto no estamos diciendo que todos y todas deben o tienen que casarse. Hay personas que reciben el llamado para estar solos o solas, y esto también es un don de Dios. Pero en el patrón general de Dios, Él estableció las familias de la tierra para cumplir Su propósito en ellas.

Es necesario darse a la tarea de encontrar la persona idónea, la persona ideal. En el jardín del Edén, Dios, junto con Adán, se dieron a la tarea de buscar a la "idónea", y por más que buscaban, no le fue encontrada ayuda adecuada a Adán. La cual, para Dios, era su creación máxima.

Aun cuando pasaban las jirafas más hermosas como modelos en un desfile de bellezas, las chimpancés hacían sus mejores piruetas, y las leopardas desfilaban con su mirada cautivante y majestuoso caminar, ninguna de ellas fue considerada idónea para ser compañera de Adán.

Sin duda alguna, dos son mejor que uno solo. Dos personas pueden hacer cosas divertidas: ir a nadar, ir al cine, salir a cenar, contar chistes o simplemente contemplar una noche estrellada.

Por supuesto que podrías hacer estas cosas solo, o con muchos amigos, y encontrarlas divertidas. Pero cuando tienes a esa persona especial a tu lado, y ambos disfrutan de la compañía mutua, sucede lo que algunos románticos describen como la culminación de la armonía, ya que el ideal de la armonía es ser dos y sentirse uno.

Fuiste creado con características internas para vivir junto a alguien. La Biblia, a lo largo de las Escrituras, nos enseña que es mejor ser dos que uno.

Estar acompañado o acompañada es la forma ideal —o "idónea"— para conquistar y labrar la tierra que Dios te ha dado. El trabajo en pareja es más eficiente.

Por eso, las empresas tienen directores/as y subdirectores/as, presidentes/as y vicepresidentes/as. Es claro el predicador cuando dice:

> *"Mejores son dos que uno; porque tienen mejor paga de su trabajo. Porque si cayeren, el uno levantará a su compañero."*
>
> *Eclesiastés 4:9-10*

Es como tener un *"back up"*, alguien que pueda ir a tu rescate cuando lo necesitas, alguien a quien puedas llamar, hacer responsable de tus tareas y en quien puedas confiar plenamente porque están en la misma sintonía. Desde luego que estamos hablando de parejas ideales, pero esa es la idea: que cuando tú tengas tu pareja, sea la ideal, la idónea.

Que en pareja puedan aprender a tener los bienes y los ingresos compartidos —eso es la "mejor paga". Por el contrario, si son pareja pero tienen sus cuentas bancarias separadas, si el cónyuge no sabe cuántos son los ingresos del otro, eso no permite que reciban mejor paga. La mejor paga se convierte en tal cuando se unen las fuerzas y se administran juntas. Hasta aquí, como verás, no hemos hablado de matrimonio. Estamos describiendo por qué a Dios le parece buena idea que sean dos.

El noviazgo es la preparación para el matrimonio, de esto no debe quedar ninguna duda. El propósito final de Dios al presentarle una Eva a Adán no era para que la cortejara y buscaran un tiempo para pasarla bien. Desde el momento en que Dios le presenta a Eva, les da la bendición y les dice: ahora únanse, y juntos gobiernen esta tierra que les doy. Note lo interesante de las palabras de Dios al inicio de la creación:

> *"Y creó Dios al hombre a su imagen, a imagen de Dios lo creó; varón y hembra los creó.*
> *Y los bendijo Dios, y les dijo: Fructificad y multiplicaos, llenad la tierra y sojuzgadla, y señoread en los peces del mar, en las aves de los cielos, y en todas las bestias que se mueven sobre la tierra."*
>
> *Génesis 1:27-28*

Tres cosas se resumen en esta declaración de unidad, o en la bendición matrimonial:

1. **Los bendijo**, con la bendición del Padre.
2. **Los instruyó**, para que se multipliquen y llenen la tierra.
3. **Los habilitó**, dándoles la autoridad para sojuzgar y enseñorear sobre la creación.

Dios establece las familias desde el inicio de la creación, siendo la familia esa unidad con la que Él planeó que la tierra fuera gobernada y administrada. No una persona, sino dos: hombre y mujer.

Es interesante notar que lo primero que Dios hace es bendecirlos. Dios planea anticipadamente que en la unidad hombre-mujer sean bendecidos. No los puso en el Edén al azar y dijo: "A ver cómo les va a estos". Desde el inicio los bendice para que les vaya bien.

Cada matrimonio que empieza con la bendición de Dios está destinado a que le vaya bien. Pero, ¿cómo entender esto cuando se ve un gran número de matrimonios destrozados, incluso entre cristianos que empezaron bien? La respuesta es sencilla: hombres y mujeres se salieron del propósito de Dios. Decidieron alejarse de las bendiciones de Dios y antepusieron sus intereses personales antes que a Dios en su matrimonio.

Hemos escuchado a muchos solteros decepcionados de la idea del matrimonio, que por lo que ven en otros matrimonios deciden no tomar este compromiso. Pero este es un vil engaño de Satanás, quien quiere destruir los hermosos planes de Dios para ti. ¡Ni se te ocurra darle crédito a esas mentiras!

El hombre y la mujer que se disponen a hacer la voluntad de Dios tendrán una vida matrimonial exitosa. Así como hay matrimonios que terminan, hay muchos más que permanecen juntos hasta el final de sus días. Así que tú no debes preocuparte por cómo te va a ir. Si Dios te bendijo para que te vaya bien, seguramente te va a ir bien.

Luego de bendecirlos, Dios los instruye, para que se multipliquen y llenen la tierra. Aquí está la clave: el matrimonio se inicia con la bendición, pero se sostiene con la instrucción.

La instrucción de Dios viene de Su Palabra. Cuando esta es la guía y el sustento del hombre y la mujer, el matrimonio puede mantenerse firme y seguro. En la medida en que dejes que Dios dirija tu vida, todas las áreas de tu vida tendrán éxito, incluyendo tu futuro matrimonio.

Entonces, ese argumento de: "mejor no me caso, porque los matrimonios fracasan", es totalmente falso. La idea de que no vas a poder mantener un hogar feliz, o que eres incapaz de tener una relación sana, es un pensamiento que proviene de la mente de Satanás, porque él es el primer interesado en destruir los planes de Dios para la humanidad. Y, por supuesto, es el enemigo número uno de tus sueños.

Pero entonces, Dios los habilita, dándoles la autoridad para sojuzgar y enseñorear sobre la creación. Esto es lo glorioso: Dios les da el poder y la autoridad para vencer. No es suficiente tener la bendición y la instrucción de Dios; tú necesitas el poder para poder vencer en todas las áreas de tu vida. Una vida sin el poder que viene de Dios es una vida triste, como un barco sin timón, llevado por donde el viento sopla. Porque sube y baja según el clima. Si llueve estás triste, si hay sol, te aburres.

Dios quiere más que eso para ti. Dios quiere que TÚ gobiernes, que te enseñorees de las circunstancias de tu vida, que tomes el control de tus emociones. Para eso nos ha dado su Espíritu Santo: para que te llenes de Su poder, y en Su poder obtengas la victoria.

Prepárate para ser feliz

Cada persona debe ser feliz mucho antes de llegar al matrimonio. Aun antes de pensar en el matrimonio, debe sentirse realizada y plena. Es un error grave pensar que una persona se va a sentir completa o realizada al casarse, porque eso pone todas las expectativas en el matrimonio, en el futuro cónyuge y en lo que esa otra persona puede hacer para que uno cumpla sus sueños. La mejor manera de lograr la realización en el matrimonio es estar realizado desde la soltería. Si eres un soltero realizado, sin duda tendrás realización total en el matrimonio.

"Aprendamos a disfrutar cada minuto de nuestras vidas; seamos felices ahora. No esperemos que algo de fuera de nosotros nos haga felices en el futuro. Pensemos cuán realmente precioso es el tiempo que tenemos para invertir, ya sea en el trabajo o con la familia. Cada minuto debe ser disfrutado y saboreado."

Earl Nightingale

Atento. Cuidado con lo que pensamos, decimos y hacemos. He observado que, en Suramérica, al comunicarse por radio, la forma de llamar a la persona que está al otro lado es diciendo repetidas veces "atento, atento". Mientras esperaba en la puerta de abordaje de un vuelo en el aeropuerto de Lima, Perú, observé que usaban esta expresión continuamente. Me parece muy apropiado pedir al compañero del otro lado la palabra atento, por ejemplo: le dicen "atento Mario, atento", "atento Sofía, atento".

Así que por un momento te voy a pedir que estés atento. Coloca tu nombre después del atento y di a ti mismo: "atento [tu nombre], atento". Dice la palabra de Dios

> *"Que en parte conocemos y en parte profetizamos."*
>
> *1 Corintios 13:9*

Porque hablamos lo que bien sabemos o conocemos, sabemos cuáles son nuestras circunstancias, podemos describir nuestra realidad, pero hay muchas otras cosas que no sabemos, como nuestro futuro. Incluso nuestro momento culminante en la vida puede estar a la vuelta de la esquina, pero no lo sabemos. No sabes con quién te vas a encontrar al entrar a esa tienda, qué oportunidades nuevas vendrán para ti al sentarte en ese asiento de bus o avión. Nosotros no lo sabemos, pero Dios sí lo sabe. Dios conoce los planes que tiene para ti:

> *"Planes de bien y no de mal, para darte el fin que esperas."*
>
> *Jeremías 29:11*

SOLTEROS Y ¿SIN COMPROMISO?

Muchas veces, cuando hablamos basándonos solo en lo que conocemos, hablamos de forma negativa. Podemos estar pronunciando palabras de pobreza, maldición y, en ocasiones, hasta de muerte. Cuando alguien dice "no sirvo para nada", está hablando desde su experiencia de fracasos anteriores, reflejando lo que conoce y sabe de sí mismo, pero al mismo tiempo se atrapa en sus propias palabras. De igual manera, cuando alguien dice "creo que ya se me pasó el tren", como una expresión divertida para referirse a que se está quedando sin oportunidades de matrimonio, en realidad se está auto condenando a no encontrar pareja.

Hablar bendición sobre tu vida es mucho más sencillo de lo que parece; solo requiere estar conectado con el Espíritu Santo y decir lo que Dios pone en tu corazón a través de Él. Si en lo profundo de tu ser sabes que Dios te llama a la bendición, lo más lógico es que hables bendición sobre tu vida. Además, es mucho más fácil decirte a ti mismo cosas buenas cuando tu palabra está alineada con la voluntad de Dios. Entonces, si crees y sabes que Dios tiene planes de bien y no de mal para ti, ¿qué tan difícil puede ser hablarte a ti mismo con palabras de bien? Levántate cada día esperando lo mejor. Dite a ti mismo: "Hoy seré la persona más dichosa de este mundo", "Eres hermosa (o hermoso)", "Hoy amaneciste más linda(o) que nunca", "Hoy me irá mejor que ayer".

Sin embargo, muchas personas —especialmente los adolescentes— se sienten tan inseguros con su cuerpo, su imagen y su vida que les resulta extraño decirse cosas bonitas y positivas. Y así, sin darse cuenta, no se alinean con la voluntad de Dios para ellos.

Un dicho muy conocido dice:

> *"Cuidemos nuestros pensamientos; se convierten en palabras. Cuidemos nuestras palabras; se tornan acciones. Cuidemos nuestras acciones; se tornan hábitos. Cuidemos nuestros hábitos; forman nuestro carácter. Cuidemos nuestro carácter: viene a ser nuestro destino."*
>
> *Frank Outlaw*

Debes estar atento cada día para esperar lo mejor de ese día para ti. Espera lo mejor para tu vida. Allí alineas tus pensamientos y tus sentimientos con la voluntad de Dios. Porque los planes que Dios tiene para ti son sin duda planes de bien. Entonces, ¿qué debes esperar tú? El bien. Debes esperar que te pase lo bueno.

Por lo tanto, tu pensar, tu hablar y tu sentir debe ser lo bueno que Dios tiene contigo. No te maldigas diciendo: "Es que a mí solo me pasa lo malo." Nunca digas de ti mismo: "A mí solo lo malo me pasa", porque ¿qué crees? Te pasará. Y esa, mi querido amigo, no es la voluntad de Dios para tu vida. Su voluntad para ti es *"buena, agradable y perfecta." (Romanos 12:2)*

SOLTEROS Y ¿SIN COMPROMISO?

Más te vale que lo vayas sabiendo y creyendo. Dios ha preparado cosas buenas para ti, entonces ¡piénsalas, háblalas y vívelas!

El noviazgo: ¿Me enamoré… y ahora qué hago?

Es una idea equivocada creer que, si ya te enamoraste, "te arruinaste", y que eso significa que tenés que conquistar a esa persona que ahora es dueña de tu corazón, hacerte su novio y sentirte obligado a iniciar una relación, solo porque el amor te llegó de repente.

Esa es una idea totalmente equivocada. Hace algunos años, se promocionó mucho una serie de tarjetas impresas que se llamaba "El amor es…", y se completaban con dibujos y frases románticas como:

- "El amor es… llevarle rosas, aunque sea invierno."
- "El amor es… sentarte a su lado, aunque no lo note."

Disfruté esas pequeñas tarjetitas y me divertí con ellas. Sin embargo, las consideraba cursis, y siempre pensé en "el amor que NO es…". Me parece necesario —y cuanto antes lo descubras, mejor— aclarar lo que el amor en realidad no es. Muchos creen que por sentir lo que sienten —el atractivo, el amor, la ilusión o la pasión por una persona— están obligados a establecer una relación de noviazgo, y quizás hasta a pensar en matrimonio o una unión conyugal.

Pero sentir algo por alguien no es sinónimo de "me tengo que casar con ese alguien".

El amor NO es:

- "...comprometerte prematuramente, aunque sientas algo"
- "...salir con alguien, aunque te guste mucho"
- "...creer que el mundo se terminó porque él/ella no te vio"
- "...cambiar tus planes de futuro porque te enamoraste"
- "...entregar tu cuerpo porque la oportunidad está allí"
- "...rendirte ante cualquiera porque se acaba el tiempo para encontrar pareja"

Hay una gran diferencia entre los sentimientos y las decisiones.
Si puedes hacer esta diferencia en tu vida, tienes la mitad de tus problemas resueltos

¡No te vas a frustrar!

Enamorarse de alguien no significa que tengan que ser novios o pareja para siempre. Por supuesto que eso es lo que muchos desean, pero no es obligatorio. Es imprescindible reconocer que el amor, más que un sentimiento, es una decisión.

SOLTEROS Y ¿SIN COMPROMISO?

El noviazgo no es el final de todo lo que una persona siente. Hoy puedes estar ilusionado o enamorado de alguien, mañana de otra persona, y pasado de otra más.

Mientras más joven eres, más ilusiones y sentimientos experimentarás, pero no por eso debes buscar establecer una relación con todos de quienes te enamoras o te ilusionas.

Recuerda que: "Las ilusiones son como las olas del mar…. mientras una se deshace la otra se empieza a formar."

A más juventud, mayor ilusión.

Así que no debes temer a tus emociones, ni mucho menos limitar tus ilusiones. Si quieres enamorarte de tu mejor amiga o del chico guapo de la esquina, ¡adelante! Peeeero… recuerda que sentir eso no significa que debes iniciar una batalla campal para conquistarlo, salir con él o estar a solas con ella. Eso es otro asunto.

Sería ridículo —y un poco loco— pensar que debes casarte con todos por quienes alguna vez has sentido alguna emoción.

Los sentimientos o las emociones no te gobiernan. Tú les dices a ellos cuándo sentir o cuándo dejar de sentir. Aunque no estés de acuerdo conmigo, así es. Dice la Palabra de Dios

> *"Engañoso es el corazón más que todas las cosas, y perverso; ¿Quién lo conocerá?"*
>
> *Jeremías 17:9*

Nota bien que dice: "más que todas las cosas". El corazón te va a engañar más que cualquier otra cosa. Es algo así como:

- Hoy estás locamente enamorada de un chico y mañana lo rechazas, al punto que hasta al verlo te da náuseas.
- Hoy crees que te mueres si no estás con él, y mañana crees que te mueres cuando estás con él.

Así es el corazón: traicionero.

Así son las ilusiones: volátiles.

Así es el enamoramiento: frágil.

El caso de James

James se enamoró profundamente de su compañera de la universidad. ¿Cómo no habría de enamorarse de ella? Era una chica hermosa y dulce. Ella provenía de una provincia, y todo le resultaba atractivo en la ciudad. Al vivir sin el cuidado de sus padres, quería tener muchas aventuras. James, cautivado por su belleza, la sedujo, y durante toda la carrera —más de cinco años de universidad— fueron los novios perfectos.

Pero ella era incontrolable. Vivía sin el temor de Dios, quería salir, disfrutar y experimentar. No le bastó el cariño de James. Mientras mantenía su noviazgo con él, también salía con otros chicos. Se involucró con varios compañeros de la universidad, e incluso con algunos maestros.

Cada vez que James se enteraba de alguna aventura de su dulce princesa, se desmoronaba. Su corazón se hacía pedazos y su desempeño en la universidad caía en picada.

Intentó durante muchos años entenderla, ayudarla y, cariñosamente, hacerla entrar en razón. Fracasó. Ella quería más.

James solo tuvo una alternativa: tomar una decisión y entender que su futuro no estaba a su lado.

Una tarde se armó de valor y decidió terminar la relación. Su corazón estaba despedazado, pero sabía que tenía que decidir en ese momento, o se arrepentiría toda su vida de vivir al lado de alguien en quien no podía confiar.

Los sentimientos no pueden dominar tus decisiones.

Ciertamente, James amaba a esa hermosa chica, pero necesitaba tomar una decisión. Mientras no estaban casados, aún podía decidir cómo amar y a quién amar.

Meses después, conoció a una joven guapa a quien amó locamente, y ella lo amó y honró por el resto de sus días.

Se siente con el corazón ardiente, pero se piensa con la cabeza fría. Se elige a quién amar con la sabiduría de Dios. El amor no llega sin pedir permiso; tú decides si debes amar a una persona o no.

Una relación no puede depender de lo que sientes hoy. Por eso, el matrimonio es una decisión trascendental: una vez tomada, es para siempre. Estés o no ilusionado con tu pareja hoy, tú decides permanecer en ese matrimonio, independientemente de cómo te sientas cada día.

Por eso los matrimonios deben estar atentos a mantener viva la ilusión y la pasión, para evitar caer en la rutina y el aburrimiento.

Siempre les advertí a mis hijos que no tuvieran temor de sus propios sentimientos, porque la juventud está llena de ellos. Si eres joven o adolescente, tu vida está llena de emociones y sentimientos. ¡Disfrútalos! Lo importante es que no dependas de ellos.

No encuentro un verso más útil en la Palabra de Dios que el que nos enseña a guardar el corazón.

> *"Sobre toda cosa guardada, guarda tu corazón;*
> *Porque de él mana la vida."*
>
> *Proverbios 4:23*

El corazón, aunque es engañoso, es el fluir de la vida. Si lo entregas por aquí y por allá, si lo dejas involucrarse con uno y otro, si lo malcrías y consientes sin medida, terminará por destrozar tu vida. No dejes que tu corazón esté expuesto cada día.

SOLTEROS Y ¿SIN COMPROMISO?

Puedes amar a alguien, ilusionarte, enamorarte si así lo decides. Pero no entregues ni expongas tu corazón. No es sabio, no es seguro, no te protege.

Si tienes un tesoro y quieres guardarlo bien para que nadie te lo robe, estableces estrategias de protección y seguridad. A eso se refiere este versículo: establece tus medidas de seguridad. Nadie puede hacerte daño si tú no lo permites. Si, cuando te entusiasmas con una persona, no permites que todo tu corazón se involucre, estarás más protegido.

Será hasta el momento en que encuentres a tu esposa o a tu esposo, que estarás listo para compartir con ella o con él tu tesoro, lo que más has guardado: tu corazón.

Guardar tu corazón requiere estrategias activas para identificar si las semillas en tu interior provienen de Dios o no. Requiere disciplina en la búsqueda de la verdad de Dios para tu vida. Persevera en Su palabra y confía plenamente en Él. La plenitud que llena tu corazón viene de Jesucristo y de sus promesas. Solo Dios puede darte la plenitud que guardará tu corazón por completo.

Que Dios sea tu plenitud es la mejor fortaleza donde resguardar tu corazón.

¡Siempre estarás protegido!

Lo engañoso del corazón: El caso de Amnón y Tamar

La mejor historia que ilustra lo que te estoy describiendo —lo poco confiable que es el corazón— está en 2 Samuel 13.

Se trata de la historia de dos jóvenes. Te la describo con algo de imaginación: él era un chico rico, consentido, convencido de que podía tener todo lo que deseara por el simple hecho de ser hijo del rey. Nunca le habían negado un capricho, y, como tantos, también se encaprichó con una chica dulce, coqueta y, sin duda, hermosa.

Estaba tan "enamorado", tan perdido y locamente seducido, que perdió el apetito. Su rostro se entristeció, su humor cambió. Ya no estaba feliz. Estaba obsesionado, encaprichado, desesperadamente enamorado.

Abandonó la universidad, y su auto deportivo dejó de ser su mayor ilusión. Todos sus amigos lo notaron. Estaba loco de amor. Y, como siempre, nunca falta un "amigo consejero", el que todo lo sabe. Como no era él quien se exponía, le aconsejó que no se negara a sí mismo el deseo que tenía por la chica. Idearon planes. Se rieron juntos mientras lo pensaban: conquistarla con encanto, organizar una cita a ciegas, dejarle notas en su *inbox*, contactarla por *Instagram*, publicar mensajes en su muro, crear una web con su nombre… mil ideas.

Finalmente, idearon el plan perfecto: él fingiría estar enfermo, y cuando el rey lo visitara, pediría que esa linda chica fuera quien lo cuidara.

Y así sucedió. La inocente y sensual Tamar vino a visitar al "enfermo de amor". No había mejor ocasión. El joven, sin compasión, se aprovechó de ella, forzándola a tener sexo, hasta saciar su pasión.

Todo ocurrió en minutos. Lo que durante días y meses lo había atormentado, lo consumó en instantes. Ella suplicó por su dignidad, pidió que al menos solicitara su mano al rey, pero no. Nada podía detener a un corazón descontrolado.

Y entonces ocurrió lo inesperado: el príncipe se transformó en sapo. Todo ese "amor" se convirtió en odio y rechazo. La Biblia lo describe así:

> *"El odio con que la aborreció fue mayor que el amor con que la había amado."*
>
> *2 Samuel 13:15*

No puedo imaginar cómo un amor tan grande, un amor que lo llevó a deprimirse, desesperarse, al punto de enfermarse por lo que sentía por esa chica, no se comparara siquiera al odio con el que luego la rechazó. ¿Cómo puede alguien odiar más de lo que amó? Simple:

engañoso es el corazón más que todas las cosas, y perverso. Léelo en Jeremías 17:9.

Muchas chicas necesitadas de amor sucumben en los brazos de chicos que declaran estar enamorados, que ofrecen el cielo y la tierra. Pero incluso ellos mismos caen en las garras engañosas de su propio corazón. Chicos que, por la seducción de una figura hermosa, pueden truncar sus planes y sus sueños, porque asumen que lo más importante en la vida son sus sentimientos. Te cuento que no lo son.

Los sentimientos son demasiado volátiles para confiar en ellos. Lo que hoy parece el amor más grande de la vida, mañana puede convertirse en el odio más oscuro que jamás hayamos experimentado.

No puedes confiar en tus sentimientos. Tienes que tomar autoridad sobre ellos. Tú le dictas a tu corazón qué sentir y qué no sentir.

En el libro *Los temperamentos transformados por el Espíritu*, el Dr. Tim LaHaye nos dice que la personalidad y el carácter son nuestra habilidad para responder a las emociones.

Por el simple hecho de sentir que estás enamorado, no necesitas correr a los brazos de esa chica o ese chico. Los sentimientos te pueden engañar; el corazón puede estar confabulando contra tu futuro.

SOLTEROS Y ¿SIN COMPROMISO?

Los sentimientos se ponen en orden cuando el carácter de un joven, varón o mujer, ha permitido que el Espíritu de Dios los guíe y los instruya. Dios te mostrará a la persona correcta en el tiempo correcto. Su Espíritu Santo te guiará a esa persona, y hasta que la encuentres, puedes guardar tus sentimientos y esperar.

Cuando llegue el momento, podrás amar con amor y pasión desbordante. Pero se necesita carácter para poder controlar tus sentimientos. Y necesitarás pasar tiempo en la presencia de Dios para desarrollar ese carácter.

¿Y qué pasa si ya te sientes enamorado y arrastrado por ese amor?

"Tú tranquis", como dicen mis hijos.

Tranquilo, tranquila, como dirían unas amigas mías fresitas: "*Easy, take it easy*".

No pasa nada. Sentir emociones no es catastrófico, es señal de que estás vivo. Las emociones son parte de la vida.

Deja que tus sentimientos pasen por tu vida, que tus ilusiones sean un componente de tu día a día. Pero recuerda: no te dominan.

Tus sentimientos no gobiernan tu vida. Tu carácter es el que te llevará a tomar decisiones sabias.

No es el hecho de sentirte ilusionado, enamorada o desesperado por alguien lo que debe impulsarte a correr a sus brazos. Si él o ella no es la persona que Dios eligió para ti, puede ser lindo verlo, puede activarte la adrenalina, pero nada más.

Las emociones, al igual que el dinero, no son malas en sí mismas. La diferencia está en que tú no te dejes gobernar por ellas.

Ese es el punto: las emociones son hermosas, pero no me gobiernan a mí. Cristo gobierna mi vida.

Y si permaneces en Dios, y Su voluntad se cumple en tu vida, prepárate, porque todo lo bueno, lo agradable y lo perfecto están por llegar.

Capítulo 2
SINTIENDO CON EL CEREBRO

La ciencia de los sentimientos describe que, a nivel neurológico, existe un sector de control denominado supra nuclear o cortical, en donde están involucradas la corteza cerebral y ciertos núcleos profundos que son los que generan las emociones. De alguna forma desconocida hasta ahora, envían información nerviosa a varios órganos del cuerpo, lo que hace que las emociones tengan manifestaciones físicas: como sudoración en las manos, taquicardia, estimulación de la glándula lagrimal —que se contrae y elimina el contenido acumulado— y termina en llanto.

Como ves, el corazón ocupa un lugar importante en la reacción emocional, pero no es allí donde se generan ni se producen las emociones. Es en el cerebro.

Por eso, la mente es muy importante. Cuidar los pensamientos y los contenidos intelectuales con los que alimentamos la mente es básico para tener emociones sanas.

> *"Tú guardarás en completa paz a aquel cuyo pensamiento en tí persevera, porque en tí ha confiado."*
>
> Isaías 26:3

La persona cuyo pensamiento persevera en Dios estará guardando su corazón en paz. Eso es seguro.

El hecho de alimentar la mente con novelas baratas, ideas suicidas, imaginaciones de escenas de celos, infidelidad, información de eventos dramáticos, etc., producirá como resultado emociones descontroladas en una persona que está constantemente expuesta a estos estímulos.

Mientras tanto, las emociones sanas se alimentan con pensamientos de victoria, de fe y confianza. Cada vez que una persona piensa: "Dios está conmigo, nadie me podrá hacer frente. Como estuvo con Moisés, estará conmigo. Seré fuerte y valiente", esa persona alimenta su corazón con fe. Sus emociones estarán seguras en Dios y, por lo tanto, su corazón estará guardado en completa paz.

El corazón es engañoso, pero no para quienes tienen un escudo de fe en la mente y en el corazón.

He aprendido a conocer mi corazón a través de los años. Sé cuándo algo no anda bien. Puede ser que, con el tiempo, uno aprenda a conocer su propio corazón, pero tiendo a pensar que es más por la práctica.

Estoy consciente de que el corazón está funcionando y que la mente está maquinando. Sé que juntos confabulan contra nosotros mismos. Por eso, no les doy permiso. Hago que mis emociones pasen por el filtro del Espíritu Santo, y de continuo me pregunto: ¿Este pensamiento viene de Dios? ¿Estoy sintiendo algo que me pone en peligro?

Crecí en un ambiente donde había muchas mujeres. Me molestaba ver tanta revolución de emociones femeninas. Aunque yo misma pertenecía al grupo de las mujeres de casa, podía observar cómo las emociones femeninas hacían vulnerable a todo un grupo familiar.

Eso hizo que me volviera muy dura. No era muy sensible al desprecio, ni reaccionaba con llanto o con ira por un espacio que me quitaran. Simplemente decidí que no me dolía.

Mi cara lo reflejaba. Podía ver en las fotos mi ceño fruncido y la frente endurecida cuando era niña. No estaba enojada, simplemente no era vulnerable.

Decidí proteger mi corazón. Pocas cosas me hacían daño. Si se acordaban o no de mi cumpleaños, no era importante para mí. No lo tomaba personal. Si llevaban algún regalo especial para mis hermanos, o un postre para la familia y no alcanzaba para mí, no afectaba mi corazón en lo más mínimo.

Mi corazón protegido se endureció. Creo que tenía un pan tieso o una piedra en lugar de corazón.

Era igual con mis amigos o amigas. No eran muy importantes para mí (no estoy orgullosa de esto, me da mucha pena confesarlo, pero así era). Nunca entregué mi corazón a ningún enamorado, y siempre hubo varios.

Cuando algún joven se acercaba a mí con intenciones amorosas, yo lo analizaba con toda mi capacidad racional, incluyendo si me convenía o no, si había algún beneficio en la relación: como tener compañía, alguien con quien ir al cine o simplemente alguien que me visitara y me llevara regalos.

Nunca me enamoré en serio. Solo aprovechaba las amistades y me interesaban las relaciones solo si tenían alguna ventaja en ese momento de mi vida.

La piedra que tenía por corazón me protegía. Pero sabía que esto no era agradable a Dios. Tampoco lo hubiese sido que me enamorara y saliera corriendo desenfrenadamente tras cada pretendiente.

Pero quiero intentar explicar aquí que las emociones protegidas no nos deben endurecer, que debemos estar listos para sentir, sin desproteger el corazón.

El pueblo de Israel, durante un tiempo, endureció su corazón: tanto para con sus hermanos como para con Dios. Dios les recrimina ese corazón acorazado y endurecido, y les promete un corazón sensible:

> *"Os daré corazón nuevo, y pondré espíritu nuevo dentro de vosotros; y quitaré de vuestra carne el corazón de piedra, y os daré un corazón de carne."*
>
> Ezequiel 36:26

Esa es la cirugía de corazón abierto más importante de la que nos habla la Escritura. No te protejas tanto que tu corazón se vuelva de piedra. Cuando el Espíritu de Dios es puesto en nuestro espíritu, Dios nos habilita para manejar nuestras emociones con sabiduría, inteligencia, seguridad y libertad en Cristo.

HÁBLALE A TU ALMA

El rey David lo hacía constantemente, diciéndole: "Alma mía, bendice a Jehová", "Bendice, alma mía, a Jehová, y no te olvides de ninguno de sus beneficios."

Imagino a David tomando su alma del cuello, poniéndola contra la pared y, con autoridad y fuerza, dándole la orden directa de bendecir a Dios. Le daba la orden de reconocer que, aunque las circunstancias fueran de miedo, su alma debía distinguir a Dios como su protector y observar todas las bendiciones que Él le había dado.

Por un momento, intenta tomar tú también tu alma del cuello, ponla contra la pared y háblale:

- "Alma, tranquilita."
- "Emociones, quietas."
- "Alma, reconoce que quien tiene cuidado de ti es Dios. Aquiétate, no te aceleres."

Dios hace maravillas en nuestras vidas: transforma nuestra forma de pensar, cambia nuestro patrón de comportamiento, renueva nuestro cuerpo físico... ¡hasta nuestra forma de caminar la hace nueva! Y arranca un corazón de piedra para poner uno de carne.

Emociones diferentes

Las emociones ocupan un lugar diferente para las mujeres que para los hombres. Mientras que para el hombre las emociones son más pasajeras y circunstanciales, para la mujer forman parte del diario vivir.

La vergüenza, la tristeza, la alegría, el miedo, el rencor, entre otras, son emociones que rigen y determinan la vida de cualquier persona, pero es la mujer quien, al ser más sensible emocionalmente, tiende a darles más importancia y a dejar que la rijan o la influencien con mayor fuerza.

Recuerda que las emociones son procesos complejos de desadaptación y readaptación que experimenta el ser humano. Según los estudiosos de las emociones, esta desadaptación y readaptación puede desarrollarse en dos escenarios:

- **La emoción-choque,** definida en psicología como una perturbación de la vida física y fisiológica, provocada por emociones desagradables como el odio, el rencor, la ira o el dolor.
- **La emoción-sentimiento,** un estado afectivo que, según las circunstancias y la persona, puede generar emociones agradables como la alegría o el amor.

Conocer cómo funcionan tus emociones te equipa para lidiar con ellas y mantenerlas en control. Recuerda que las emociones no te dominan. Dios te capacitó para enseñorearte sobre toda la creación, incluyéndote a ti mismo. El Espíritu de Dios que habita en ti es superior a tu carne (y cuando hablamos de "carne", también incluimos tus emociones), por lo tanto, tú puedes permitir que el Espíritu sea tu rector. Una vez leí una frase que realmente me dejó una gran enseñanza para aplicar en las relaciones de pareja. Decía:

La mitad de nuestros errores en la vida provienen de sentir cuando deberíamos pensar, y de pensar cuando deberíamos sentir."

Autor desconocido

Los inteligentes emocionales, lo que faltaba

En los grupos de chicos nunca faltan los listos, los que se la saben toda, los que pueden hacer lo que se les ocurra. Mario era uno de esos. No le decíamos "nerd" porque era un buen amigo, pero lo era. Reparaba las computadoras de todos, configuraba los controles de los televisores que las chicas echábamos a perder y era de los primeros en clase.

Mario era impresionante en el área académica y la ciencia, pero cuando se trataba de emociones era un desastre. Volaba desde una pasión extrema por un deporte hasta la ira, la depresión y la huida por una mala nota. No volvimos a saber de él, pero nos enteramos de que estudió en el extranjero y se quedó viviendo fuera del país.

Es importante reconocer que existen diversos tipos de inteligencia, descritos por expertos: inteligencia lingüística (habilidad para los idiomas), inteligencia lógico-matemática (habilidad para los números y los cálculos), inteligencia musical (habilidad para los instrumentos y notas musicales), y así podríamos continuar listando las múltiples inteligencias o habilidades que una persona tiene o puede desarrollar.

También se ha descrito la inteligencia emocional como la habilidad para conocer, controlar y dirigir las emociones.

El Dr. Daniel Goleman, famoso por describir el concepto de inteligencia emocional, explica que el éxito de las personas y sus empresas radica en la capacidad de manejar sus emociones. El coeficiente intelectual contribuye apenas con un 20 % del éxito en la vida, mientras que el 80 % restante es resultado de la inteligencia emocional.

La inteligencia emocional incluye factores como la habilidad de automotivación, la persistencia, el control de los impulsos, la regulación del humor, la empatía, entre otros.

Es importante que hombres y mujeres jóvenes reconozcan y desarrollen su propia inteligencia emocional, que les permita tener estabilidad emocional a temprana edad. No solo en tiempos normales o estables en la vida, sino sobre todo en tiempos de crisis.

Cuando los arranques de ira, los impulsos violentos, la depresión o el mal humor dominan la vida de una persona, es porque carece de inteligencia emocional.

Estos sentimientos negativos no son malos, son comunes en personas normales. Lo anormal es no poder manejarlos o controlarlos. Por esa razón, a lo largo de toda la Palabra de Dios se nos aconseja buscar la sabiduría y adquirir inteligencia.

El éxito en el desempeño de las diferentes funciones en la vida, tanto en el trabajo como en el hogar o en las relaciones de pareja, dependerá NO de lo que sabes o de lo que has leído, sino de tu habilidad emocional para responder a las circunstancias.

Por esta razón, entrenar tu alma es la principal tarea para adquirir inteligencia emocional.

> *"Y si alguno de vosotros tiene falta de sabiduría, pídala a Dios, el cual da a todos abundantemente y sin reproche, y le será dada."*
>
> *Santiago 1:5*

La Biblia es el mejor manual para entrenarte. De eso se trata la vida cristiana: de tener conciencia de que tu vida emocional, o tus reacciones del alma, dependen de tu vida espiritual.

Los frutos del Espíritu son el resultado de los cambios que Dios hace en tu vida, cuando te rindes a Jesús y permites que su Espíritu Santo obre en ti. Tu vida con Dios te asegura el éxito y te habilita para ser sabio e inteligente emocional.

> *"Adquiere sabiduría, adquiere inteligencia."*
>
> *Proverbios 4:5*

SOLTEROS Y ¿SIN COMPROMISO?

Esa es la recomendación que el gran sabio, el rey Salomón, les hace a sus hijos. Porque contar con suficiente inteligencia y sabiduría puede cambiar el futuro de una persona. Aquí hay un buen ejemplo de cómo los sentimientos pueden ponernos en problemas, incluso de muerte. Muchos sentimientos descontrolados pondrán en peligro a toda una familia o incluso a una nación. Cuenta la historia de un príncipe que se enamoró de una joven de otra nación, pero no actuó con rectitud. Siguiendo su pasión y desenfreno, el príncipe abusó de la niña consentida de su padre y preferida de sus hermanos. Esta ofensa trajo muerte a su propia casa y nación. El libro de Génesis nos relata esta historia.

Dice del príncipe de Siquem en Génesis 34:3:

> *"Su alma se apegó a Dina, la hija de Lea, y se enamoró de la joven, y habló al corazón de ella."*
>
> *Génesis 34:3*

Tanto se enamoró y descontroló, que para tener a Dina como mujer, estuvo dispuesto a hacer cualquier cosa que el pueblo de Israel le pidiera para satisfacer las demandas de sus emociones. El pueblo le pidió al príncipe, a su padre y a todos los varones de su nación que se circuncidaran, como muestra de sus intenciones de emparentar. Sin embargo, los hermanos de Dina aprovecharon que todos los hombres convalecían por la circuncisión, y tomaron venganza, matando a todos los varones de aquella nación. El alma de Siquem, enamorada y fuera de control, estuvo dispuesta a dar lo que "le pidieran" para saciar su alma sedienta. ¿Hasta dónde el amor puede comprometer tu vida? ¿Hasta dónde los sentimientos pueden hacer que se pierda la razón? Como un cordero corre hacia la boca del lobo: sonso, babeante y entumecido del cerebro por causa de los sentimientos y la ausencia de inteligencia y sabiduría. Dios nos advierte muchas veces en el libro de Proverbios que, sobre todas las cosas, adquieras sabiduría.

> *"Adquiere sabiduría, adquiere inteligencia; No te olvides ni te apartes de las razones de mi boca; No la dejes, y ella te guardará; Ámala, y te conservará."*
>
> *Proverbios 4:5-6*

Las emociones juegan un papel importante, y necesitamos aprender a ponerlas en la perspectiva correcta. Las emociones no nos dominan. Se forman en el cerebro, no en el corazón. Por lo tanto, cuidar nuestra mente y con qué la nutrimos es muy importante.

Las emociones son maravillosas, pero no son suficientes.

¡Se debe amar con el cerebro antes que con el corazón!

SOLTEROS Y ¿SIN COMPROMISO?

Por falta de sabiduría, podemos echar a perder los hermosos planes de Dios para nuestra vida.

Muchas parejas que inician sus relaciones tienen problemas por dejar que sus emociones dirijan la relación. La falta de sabiduría hace que se aniden sentimientos de insatisfacción que luego les traerán dolor. Algunos de los problemas más comunes de pareja surgen de creencias populares, que no se reconocen como tal, y no saben cómo manejarlas:

- **El amor es ciego.** En psicología se dice que "enamorarse" es como un estado temporal de psicosis. Durante el enamoramiento no se ven las razones ni las debilidades; no se detecta la inmadurez, el abuso o el desinterés de la otra persona. Por eso la relación es vulnerable, porque se establece sobre fundamentos ilusorios. Cuando se recupera la conciencia de la realidad, la desilusión y la frustración llevan a las parejas a la ruptura.

- **Polos opuestos se atraen.** Es muy común que las personas busquen un elemento de compensación y complemento. Por ejemplo, un hombre callado y tímido puede buscar una mujer extrovertida, alegre y conversadora. Pero esas mismas características que un día le atrajeron, después no las logra controlar. Le falta sabiduría para adaptarse a un nuevo estilo de vida.

- **En las buenas y en las malas, para bien o para mal.** La frase emblemática de los votos nupciales. Pero al despertar a la realidad, las parejas descubren que el dominio de las emociones y la ausencia total de sabiduría les ocultó los desafíos de la vida diaria, y los lleva al fracaso. No consideraron las dificultades que podrían venir en el matrimonio; los tomó por sorpresa y los venció.

Quiero enfatizar mi perspectiva: las emociones son maravillosas, pero no son suficientes. Se debe amar con el cerebro antes que con el corazón. Como bien sabes:

> *"El principio de la sabiduría es el temor de Jehová."*
>
> *Proverbios 1:7*

La sabiduría que Dios te ha dado te guardará y te preservará. Una vez que Dios te ha dirigido a la persona correcta, deja que tus emociones fluyan, pero que fluyan con inteligencia. Ama, pero ama con el temor de Dios.

Capítulo 3

Y EL COMPROMISO... ¿PARA CUÁNDO?

"¿¿Casarme yo, y para qué??" —así comentó un joven de aproximadamente 30 años, cuando todos discutían en la mesa de un seminario para solteros— "Tengo todo, ¿para qué complicarse la vida con el matrimonio?".

"Todos los días veo solteronas amargadas que fingen ser felices…" —expresaban las chicas, de entre 20 y 25 años, en el mismo seminario para solteros.

Unos huyen del compromiso del matrimonio y otras cuestionan si la soltería será para siempre. Llenos de temor, ambos sin encontrar salida.

El compromiso requiere carácter. Actualmente, necesitamos con urgencia que los jóvenes desarrollen carácter. El carácter parece escaso en estos tiempos. Queremos todo fácil y sin esfuerzo. Queremos que nos paguen más, pero trabajar menos. Queremos disfrutar lo dulce de una relación en pareja, pero no queremos asumir el compromiso de proveer, proteger, entregarnos y sufrir por la pareja. Por eso cada vez vemos más uniones libres y menos matrimonios.

Hace pocos días leí una declaración de Cindy Jacobs que hice mía, y te invito a que tú también la hagas propia: "Cada generación necesita velar y orar por su generación" (*El Manifiesto de la Reforma*).

Los jóvenes, tanto hombres como mujeres, están dejando de creer en el matrimonio.

Incluso muchos cristianos se han desilusionado del matrimonio, en especial por haber vivido el sufrimiento en la relación de sus padres: maltrato, desamor, divorcio.

Necesitamos orar por sanidad en el corazón de las generaciones. Necesitamos creerle a Dios y a Sus promesas, y no a las circunstancias.

SOLTEROS Y ¿SIN COMPROMISO?

Tenemos una urgencia de renovar nuestra mente con relación al noviazgo. Hemos aceptado la cultura y las prácticas sociales como "la ley y la norma". Dejamos que nos rijan las costumbres que están de moda, lo que es "*cool*". La única voz que resuena es la de los chicos populares que dominan la sociedad: el chico más lindo de la clase, la chica más coqueta; terminan siendo el rey y la reina de la fiesta de graduación.

Las novelas, Hollywood, la pantalla de TV y las redes sociales terminan siendo la regla de las relaciones de pareja.

TE DESAFÍO A SER DIFERENTE

Te desafío a ser valiente, y a descubrir la buena voluntad de Dios, agradable y perfecta. Pero para ello, debes estar dispuesto y dispuesta a cambiar tu forma de pensar. Renueva tu mente. Hazlo pronto. Nunca como ahora hemos tenido tanta urgencia de alinearnos con la Palabra de Dios respecto al noviazgo y al matrimonio.

Los padres no siempre nos han ayudado. Es más, muchas veces son ellos quienes animan a sus hijos adolescentes a iniciar relaciones fuera de tiempo y lugar. Los considero con ternura, pues ha habido mucha ignorancia al respecto.

Muchos padres y madres creen que sus hijos deben ser expuestos a relaciones emocionales —y muchas veces sexuales— a temprana edad.

En cierto sentido, sienten orgullo al verlos "realizarse" como mujeres u hombres, como si fuera equivalente a ver a un bebé dar sus primeros pasos. Pero aun los bebés esperan a tener desarrollados los músculos de las piernas para caminar.

Con respecto a esto, te aconsejo que informes y eduques a tus padres, renovando sus mentes conforme a la Palabra de Dios.

Anímalos a recibir la dirección de Dios y la revelación que los lleve a ponerse de tu lado y a apoyarte en oración. Que puedan alentarte a hacer la voluntad de Dios, y no la de la sociedad, independientemente de la edad que tengas.

Evaluando el riesgo

Estas enseñanzas no pretenden volverte totalmente juicioso y calculador, insensible o controlador; eso está lejos de la intención esencial de este libro. Quiero promover la aventura, la espontaneidad y la alegría de vivir libremente, pero eso no implica en absoluto que la sabiduría y el temor de Dios dejen de ser tu guía para las decisiones que te lleven al éxito en la vida.

Me imagino a Salomón dando recomendaciones a su hijo, entre Proverbios, Eclesiastés y Cantares, donde nos propone una hermosa reconciliación con la vida. Nos anima a disfrutar al máximo, pero al mismo tiempo hace un urgente llamado a la sabiduría.

SOLTEROS Y ¿SIN COMPROMISO?

Quiero decirte que vivir con sabiduría y temor de Dios no es para nada aburrido ni limitante; más bien, te guía a una vida plena, a disfrutar al máximo, sin deshonrar a tu Padre Celestial, que, al final, es lo que más anhelamos en la vida.

En la línea de la sabiduría y la aplicación de la inteligencia, debo señalar que tomar riesgos en la vida no es malo. Tomar riesgos en las relaciones de noviazgo tampoco es imprudente, pero cada riesgo debe tener un nivel controlado para asegurar, en lo posible, el éxito. Existen muchas metodologías para evaluar el riesgo en la toma de decisiones, generalmente utilizadas en negocios e inversiones. Sin embargo, podríamos aplicarlas también al compromiso en el noviazgo y el matrimonio, que finalmente es —en muchos aspectos— un negocio, una inversión de vida.

La forma de descubrir la buena voluntad de Dios —la cual proféticamente se nos ha declarado que es agradable y perfecta— es renovando nuestro entendimiento. Por lo tanto, puedes renovar tu forma de pensar y, en vez de salir huyendo, evaluar los riesgos de una relación. Cuantificar el riesgo puede convertirse en una práctica útil, sin que eso signifique volverse un poco "freak". Es cierto que hay quienes se obsesionan con la idea y terminan convirtiendo la evaluación de riesgos en una crisis de personalidad. Pero aquí me dirijo a personas inteligentes, capaces de usar herramientas sin extravagancias.

El nivel de riesgo considera dos elementos clave: impacto y probabilidad, siendo cada uno de ellos de igual peso. Es decir, si un evento ocurriera, ¿qué impacto tendría en la vida de una persona?, y ¿qué probabilidad hay de que dicho evento realmente ocurra?

Tomemos un ejemplo: el evento *"Matrimonio a temprana edad"*, y analicemos qué impacto tendría en la vida de una persona. Para este ejemplo, pensemos en una chica de 16 años. Johana (nombre imaginario) acaba de celebrar sus 16 años y está a punto de completar la secundaria.

Ella y Andrés están profundamente enamorados, ambos sueñan con hacer una vida juntos. Es más, están desesperados por consumar su amor y, si fuera posible, pasar cada minuto de su existencia juntos. Ambos tienen grandes sueños, quieren ir a la universidad y cuentan con el apoyo de sus padres.

El impacto

El impacto que tendría en sus vidas un "matrimonio temprano" dependerá de los valores que la sociedad, la cultura y el entorno de Johana y Andrés le adjudiquen a este evento.

Pero, basándonos en una sociedad moderna, con acceso a educación, trabajo, y posibilidad de que ambos alcancen su máximo potencial, podríamos sugerir valores o puntajes (scores) que nos permitan valorar el riesgo de esta relación.

SOLTEROS Y ¿SIN COMPROMISO?

Quisiera pedirte que uses tu imaginación y, para este ejemplo, adjudica un puntaje usando tu intuición y criterio. A continuación, se sugiere una tabla con scores que podrás aplicar para la evaluación del riesgo en este caso:

IMPACTO	PROBABILIDAD
1= ninguno: no afecta en nada la vida	1= raro, nunca ocurrirá
2= mínimo (poca pérdida)	2= no es muy probable
3= moderado (pérdida media / algunas)	3= ocasionalmente pasa, moderada
4= alto (comentarios adversos / pérdida)	4= muy probable que suceda
5= severo (pérdidas graves)	5= certero seguro ocurrirá

Score
Resultado 1 – 5: Poco riesgo – estás en terreno seguro
Resultado 6 – 10: Bajo riesgo – debes estar alerta y muy precavido
Resultado 11– 15: Riesgo moderado - salte pronto de esa relación
Resultado 16 – 25: Riesgo alto - ¡huye!

Nota: Esta tabla es con propósitos ilustrativos, proviene de la inspiración de la autora.

Nivel de riesgo

El nivel de riesgo se mide como el impacto multiplicado por la probabilidad, lo cual representa qué probabilidades hay de que un evento dado ocurra, y cuál sería el impacto en la vida de alguien si ese evento ocurriera. La forma de evaluar el riesgo es cada vez más común en el mundo de los negocios, y permite a los empresarios inteligentes tomar decisiones acertadas.

Por eso, te sugiero —como una forma de entretenimiento— aplicarlo a tus relaciones.

En nuestro ejemplo de Johana y Andrés, con el riesgo del evento: "matrimonio temprano", le adjudicaría un puntaje de impacto de 4.

Para mí, un matrimonio a temprana edad interrumpiría los sueños de cada uno, les daría menos posibilidades de ser exitosos financieramente y requeriría mucho más esfuerzo para poder triunfar.

Tomar la decisión de formar una familia a esa edad también podría alejarlos del propósito de Dios para sus vidas. Creo que habría un impacto significativo y una pérdida sustancial en sus vidas en términos de posibilidad de triunfo. Es más, con los años, el estrés financiero y las oportunidades truncadas podrían poner la relación de pareja en riesgo de separación en múltiples ocasiones.

El puntaje de probabilidad que le daría es de 3. Me parece que, si continúan su noviazgo y su relación tan cercana y pasional, tienen muchas posibilidades de terminar en un matrimonio temprano. Si eres un pensador libre, podrías estar en desacuerdo conmigo, ya que consideras otras alternativas en la relación, y no necesariamente el matrimonio. Puedes estar en desacuerdo también porque este ejemplo está basado en suposiciones, aunque aplico mucho de la experiencia que he observado trabajando con adolescentes en regiones rurales y semiurbanas de Centroamérica.

Según nuestra apreciación, entonces, tenemos dos valores:

Impacto x Probabilidad = 4 x 3 = 12

La conclusión y acción que se podría tomar están guiadas por el score de riesgo, según la tabla presentada anteriormente. Johana y Andrés tienen un resultado de riesgo de 12, lo que indica un riesgo moderado, por lo que deberían terminar esa relación.

Si en verdad son la pareja que Dios tenía en Su voluntad buena, agradable y perfecta, llegará el momento adecuado en sus vidas en que podrán realizar sus sueños juntos. Pero un matrimonio temprano puede tener un impacto grave en el futuro de ambos, y aunque la probabilidad de que suceda es menor que el impacto, sigue siendo alta.

Entonces, ¿por qué habrían de terminar en un matrimonio temprano o fuera de tiempo?

He dejado para el final de esta sección la explicación de mi teoría, el elemento clave: todo en la vida tiene riesgos, y tomar riesgos es de valientes, pero cada riesgo debe conducirnos al éxito. Por lo tanto, tengo la teoría de que mientras más alerta estés, o más sabio seas para decidir sobre tu relación de pareja, más probabilidades tendrás de triunfar. El temor de Dios te dará la sabiduría necesaria, el Espíritu te guiará. No temas, no te vas a equivocar si estás alineado con Su Espíritu Santo.

El disparador

El elemento desencadenante para que un riesgo ocurra, en inglés se describe mejor como el *"trigger event"*, el gatillo que dispara o desencadena el riesgo.

Para Johana y Andrés, el disparador para un matrimonio temprano podría ser un embarazo no planeado, también una relación demandante y enfermiza cuya alternativa sea el matrimonio, o la presión por tener relaciones sexuales frente a su deseo de mantenerse puros.

Cualquiera de estos elementos puede ser el *"trigger"* que desencadene el riesgo. Con este ejemplo de matrimonio temprano, no quiero dejar la sensación de que los noviazgos deben ser largos y que haya que esperar a hacerse viejos para tomar la decisión de casarse, ni que haya que esperar a tener todas las condiciones académicas, sociales y financieras cubiertas. Más bien creo que estas razones para retrasar el matrimonio, cuando la pareja ya encontró a la persona que Dios tiene para ellos, son equivocadas.

Hablaré de esto más adelante, pero si ya encontraste a la persona que Dios tiene para tu vida, el período de noviazgo a la manera de Dios debe ser muy corto: el tiempo que te tome recibir la confirmación de Dios, la bendición de tus padres y amigos, y la preparación para la boda. No más.

Retrasar el tiempo para el matrimonio pone en riesgo a la pareja, ya que, si se han guardado en el Señor y han estado esperando el momento preciso, tendrán mucha presión emocional, física y hormonal, que los puede llevar a caer en el pecado. Si ya descubriste la pareja que Dios tiene para ti, no vaciles, no te entretengas, cásate. Si es conforme al propósito de Dios, Él ordenará tus finanzas, tus compromisos sociales y tus anhelos académicos. Recuerda el consejo de Pablo: "mejor casarse que quemarse".

Quise hacer esta aclaración porque el caso de Johana y Andrés parece noble, y terminar en matrimonio temprano pueda parecer inofensivo. El asunto es que hay una línea muy delgada entre el plan de Dios para cada pareja y la decisión que una pareja toma en una relación riesgosa.

Dios no te va a poner en riesgo, tú correrás los riesgos al no distinguir entre la voluntad de Dios y la catarata de hormonas mal manejadas, o la pasión emocional resultado de la ignorancia. Difícilmente un jovencito de 14 o 16 años está listo para el matrimonio; un matrimonio fuera del tiempo de Dios siempre será fuera del propósito de Dios.

Un ejemplo más es el caso de José. La Biblia nos relata este hermoso caso de la vida real. Puedes leerlo con detalle en Génesis 39, pero te lo relato a continuación. José servía como administrador en la casa de Potifar, estaba a cargo de los asuntos de la casa.

El joven musculoso, encantador, servicial, de piel dorada y sudorosa, se paseaba por la casa de su amo como dueño. Era el jefe de la servidumbre y todos los asuntos administrativos debían ser supervisados y aprobados por él. Era el líder y gerente, y como tal resultaba muy atractivo a los ojos de la señora Potifar. La dama era muy fina y de costumbres de la alta sociedad, pero caprichosa y manipuladora. Le atraía el joven José y se había prometido a sí misma que lo conquistaría. Todo el tiempo lo seducía y le coqueteaba, hasta que encontró la oportunidad de estar a solas con él y se abalanzó para obtener sus favores sexuales.

Evaluemos el riesgo de "caer en la seducción de la mujer inadecuada". ¿Qué puntaje (score) le darías a la probabilidad? Yo le asignaría un score muy alto, simplemente porque José era un hombre joven, con hormonas activas y abundantes.

Además, existían las condiciones adecuadas: podía ser el protegido de su ama, obtener beneficios adicionales a su paga y quizás sacar ventajas financieras. Las probabilidades de ceder a la seducción eran altas, por eso le asignaré un 5. El impacto de ceder a la tentación podría haber sido igualmente fatal, hasta llegar a la muerte física y a la muerte espiritual por pecar contra Dios. Por lo tanto, le asignaré al impacto un 5. Finalmente, probabilidad x impacto = 5 x 5 = 25 de riesgo.

La acción que corresponde es: ¡Salir huyendo! Eso fue lo que hizo José, literalmente salió huyendo a toda prisa, sin dar lugar al juego. Salió corriendo, dejando incluso sus ropas en manos de la alborotada mujer.

Cuando una relación tiene un alto riesgo de causar daño según probabilidades e impacto, asegúrate de estar alerta.

¡Salte pronto de esa relación y huye!

Simplemente huye.

Este ejercicio imaginario de evaluar el riesgo que tomas si continúas con una relación inadecuada pretende ponerte alerta y avivado.

Cuando una relación no llena los requisitos de Dios, no juegues con ella, no la alimentes. Si sabes que es peligroso coquetear con un hombre casado, aléjate. Si te hacen falta razones para alejarte y salir huyendo, entonces haz este ejercicio: evalúa el riesgo. Pero hazlo pronto, no cuando ya hayas involucrado tu corazón o tu cuerpo. Huye cuando aún es tiempo.

> *"El avisado ve el mal y se esconde; mas los simples pasan y reciben el daño."*
>
> *Proverbios 22:3*

Sé inteligente, sé avisado, sé avivado. Nadie toma riesgos que sabe que lo llevarán seguro al fracaso.

LOS NOVIOS SEGÚN LA BIBLIA

Bíblicamente, la perspectiva del noviazgo es lo que ahora entendemos como estar comprometidos.

Todo lo que ocurre antes de esta relación de compromiso en el noviazgo se expresa más bien como una pura amistad, y cada persona puede tener muchos amigos.

De hecho, es normal tener varios amigos y amigas al mismo tiempo. No se espera que la persona con la que se tiene una relación de amistad o compañerismo sea la única con la que se pase el resto de la vida.

Este es un pensamiento erróneo hoy en día, y lo era también hace cuatro mil años, en los tiempos de Abraham. A continuación, comparto una primera historia sobre el noviazgo; si tienes curiosidad, puedes leerla completa en Génesis 24, que narra una historia de amor con un final feliz. La analizaremos para observar lo sustancial.

Abraham busca esposa para Isaac

Lo primero que aprendemos de la historia de Abraham buscando esposa para su hijo Isaac es que fue Abraham quien envió a alguien en busca de la esposa para su hijo, no fue Isaac quien la pidió. De hecho, a Isaac le parecía estupenda su vida de soltero.

Este es un ejemplo de una función importante que todos los padres y madres deberían desempeñar: estar atentos a la búsqueda de cónyuge para sus hijos. No como en tiempos antiguos, cuando se organizaban concursos de belleza o pruebas de fuerza para seleccionar al mejor candidato.

Tampoco de la manera absurda en que algunos padres actúan como casamenteros entrometidos, echando flores a un posible yerno o nuera con la esperanza de que eso los atraiga, lo cual generalmente causa todo lo contrario. Nada de eso. Estoy proponiendo algo más inteligente y profundo, algo con trascendencia eterna. Es una búsqueda en el ámbito espiritual.

Todo padre y madre debe interceder por la persona que compartirá la vida con sus hijos, orando por su futura hija o hijo político.

Es necesario que los padres tomen con seriedad la oración intercesora por sus hijos y sus parejas. No basta con suspirar por un buen yerno o nuera; se trata de pasar tiempo con Dios, poniéndose a favor de sus hijos. Abraham lo hizo.

Él utilizó la autoridad que tenía como patriarca y, proactivamente, envió a alguien en busca de la compañera para su hijo. Lo mismo hizo Dios con Adán: Dios mismo decidió buscar, de manera proactiva, la ayuda idónea para él.

Sin embargo, muchos padres ni siquiera hablan del tema con sus hijos, lo que hace que los hijos solteros ni siquiera piensen en tocar el tema con sus padres. Pero es hora de romper este esquema.

Si sabes que es el momento de buscar a tu esposo o esposa, habla con tus padres y pídeles que oren e intercedan a Dios por ti. Recuerda que esto es lo único que les estás pidiendo: que oren, no que te ayuden a encontrar candidatos.

Muchos padres pueden pensar que su rol es el de seleccionar, pero no es así. Lo que un soltero necesita es la bendición espiritual de sus padres para estar en la búsqueda proactiva de su pareja.

SOLTEROS Y ¿SIN COMPROMISO?

Creo además que hay muchos padres que, inconscientemente, no quieren que sus hijos se casen, lo que puede generar ataduras espirituales que dificultan que encuentres a tu futura pareja. Hablar con tus padres, tomar el valor para hacerlo y esperar su bendición es fundamental.

La intercesión de los padres, al igual que la del soltero, debe ser específica. Observa cómo Abraham da instrucciones precisas a su criado sobre el tipo de mujer que debía buscar para su hijo.

Ningún padre "normal" deseará lo peor para su hijo, aclaro "normal", ya que hay padres que, lamentablemente, desean mal a sus hijos.

Pero los padres temerosos de Dios intercederán por la pareja de sus hijos con características específicas, basadas en la visión que Dios les haya dado para el futuro de sus hijos.

Necesitamos padres alineados con la voluntad de Dios, que sean guerreros de fe, apoyando a sus hijos en su búsqueda.

> *"Era Abraham ya viejo, y bien avanzado en años; y Jehová había bendecido a Abraham en todo. Y dijo Abraham a un criado suyo, el más viejo de su casa, que era el que gobernaba en todo lo que tenía: Pon ahora tu mano debajo de mi muslo, y te juramentaré por Jehová, Dios de los cielos y Dios de la tierra, que no tomarás para mi hijo mujer de las hijas de los cananeos, entre los cuales yo habito; sino que irás a mi tierra y a mi parentela, y tomarás mujer para mi hijo Isaac."*
>
> *Génesis 24:1-4*

Características de la pareja

De esta maravillosa enseñanza, debemos destacar tres elementos clave en relación al noviazgo según la Palabra de Dios:

1. **Misma parentela**

La primera instrucción de Abraham era que la mujer debía ser de la misma parentela. No debía tomar esposa de pueblos extraños.

Génesis 24, en el verso 9, relata el nivel de compromiso requerido para este punto:

> *"Entonces el criado puso su mano debajo del muslo de Abraham su señor, y le juró sobre este negocio."*
>
> **Génesis 24**

Un juramento de honor que implicaba el cumplimiento certero de este asunto. Que fuera de la misma parentela era una premisa para traerle esposa a Isaac. ¿Por qué? Porque había una clara convicción de unirse con sus mismas creencias, costumbres, linaje, cultura y fraternidad. Aun cuando Abraham había sido sacado por Dios de esa misma parentela para hacer de él una nación grande en la tierra de Canaán, no había razón positiva para hacer alianzas fraternales o familiares con los pueblos extraños, muchos de ellos enemigos e idólatras, donde habitaban. Desde ese momento, se establecía la instrucción de "no unirse en yugo desigual".

Yugo desigual

La misma instrucción que el apóstol Pablo nos explica: no hay comunión de la luz con las tinieblas. Es decir, tu creciente fe versus la ausencia de fe, tu pasión por Jesús contra la indiferencia al Salvador, tu caminar en temor de Dios en vez de "vivir la vida loca"; nada que ver, una se opone a la otra.

No tienen nada que ver lo uno con lo otro, no se pueden mezclar.

Muchos jóvenes, ya enamorados, se consuelan a sí mismos diciéndose que la persona de quien están enamorados llegará a conocer a Jesús, se convertirá en un buen cristiano y será un siervo de Dios feliz y victorioso.

Debo ser enfática aquí y con todo el respeto que quienes piensan de esa manera merecen. Quiero aclarar que esa forma de pensar son puras patrañas del enemigo. Sueños falsos, ficticios y provenientes de una mentalidad infantil.

No hay tal cosa: si te casas en "yugo desigual", sufrirás, sufrirás, sufrirás, sufrirás. Por más linda que te parezca la chica de quien te has enamorado, por más noble que te parezca el chico de quien te has enamorado, no hay comunión. Simplemente porque no hay comunión de la luz con las tinieblas, así de simple. Te pones en riesgo al desobedecer esta instrucción de la Palabra de Dios.

Debes armarte de valor y poner la mano en el muslo, como lo hizo el siervo de Abraham, y hacer un compromiso de honor con tu Padre celestial.

> *"No os unáis en yugo desigual con los incrédulos; porque ¿qué compañerismo tiene la justicia con la injusticia? ¿Y qué comunión la luz con las tinieblas?"*
>
> *2 Corintios 6:14*

Debemos aclarar que este verso se refiere específicamente a buscar esposo o esposa dentro de la familia de Dios, más que entre personas de otros países, etnias o clases sociales.

SOLTEROS Y ¿SIN COMPROMISO?

Porque en Cristo ya no existen esas diferencias. Si es una persona nacida de nuevo, que reconoce a Jesús como su Señor y Salvador, la luz ha venido a su vida, y la comunión es factible.

Es importante ver en esta instrucción del apóstol Pablo que el énfasis está en unirse con otros creyentes, ya que se resalta el compañerismo en la justicia de Dios.

El ejemplo del yugo lo utiliza como un símbolo de caminar en unidad, como lo hacen las yuntas de bueyes que llevan un yugo que los ata para poder funcionar, trabajar y producir como un solo equipo. Sincronizados, ensamblados, conectados, avanzando al mismo ritmo y velocidad. La característica de los bueyes es que deben ser humildes, para dejar que uno de los dos lidere, y juntos llevar a cabo su función con éxito.

Este pasaje no tiene la intención de comparar el matrimonio con un yugo, una carga pesada y esclavizante, así como tampoco tiene el propósito de compararnos a nosotros mismos con un buey. El matrimonio, más bien, es liberador, protector y sustentador.

Dios establece su diseño, en el cual un hombre se une a una mujer y forman una familia, dándole descendencia a Dios, estableciendo familias en la tierra que gobiernen y se sometan a los planes y propósitos de Dios.

Recuerdo el caso de Amarilis, una joven brillante, siempre número uno en sus clases, altamente comprometida con su futuro y sus sueños, amaba a Dios y asistía regularmente a su iglesia junto con sus padres. Cuando Amarilis conoció a Juan, aún era muy joven, pero le parecía que él era su príncipe azul. Se casó con él tan pronto terminó la secundaria.

Ella creyó que todos sus sueños se estaban cumpliendo, pero nunca evaluó las características de Juan: sus sueños, costumbres y, sobre todo, su temor a Dios no tenían nada en común con los de ella. Eran prácticamente opuestos. Juan no era nada responsable, le gustaba vivir la vida libremente, nunca tuvo más anhelos que tener un trabajo promedio, no sabía mucho de disciplina y responsabilidad, y, por supuesto, no tenía temor de Dios. Amarilis sufrió mucho en su matrimonio. Siempre había escasez de dinero, lo que traía tensiones y disgustos entre la pareja. Juan no quería acompañarla a la iglesia, y más bien aprovechaba que ella se iba con los niños para desenfrenarse en el vicio y el ocio. Después de largos años de sufrimiento, la pareja se separó, desgastados, agotados y sin esperanza. Eso pasa cuando, al buscar pareja, no consideras el factor poderoso y bíblico de "NO os unáis en yugo desigual".

Yugo desigual va más allá.... De solo ser cristianos

Tener los mismos sueños y anhelos también es caminar en unidad y bajo el mismo yugo. Por supuesto que, a lo largo de la amistad y el noviazgo con propósito de matrimonio, ambos jóvenes pueden definir y construir sus sueños juntos.

SOLTEROS Y ¿SIN COMPROMISO?

Pero cuando observas anticipadamente que tus intereses por la vida son ciertamente diferentes a los de tu candidato o candidata, ya estás en yugo desigual.

En nuestro grupo de solteros realizados, tenemos muchas historias que contar, pero recuerdo sin duda la de una joven hermosa, con muchas cualidades y pasión por servir a Dios.

Había terminado la universidad, tenía un buen trabajo para su temprana edad, una personalidad saludable, y llevaba más de cuatro años de noviazgo con un joven cristiano también. Pero era evidente que tenían sueños diferentes, prioridades diferentes, intereses diferentes y una pasión por servir a Dios muy, pero muy diferente.

No podemos, sin conocer los detalles, catalogar quién estaba mejor o peor. Lo que sí podemos reconocer es que había pocas cosas que los colocaría en un yugo igual o parecido. Lo único que tenían en común era que ambos profesaban su fe en Jesucristo, lo que podría colocarlos en la categoría de "yugo igual".

Sin embargo, la Palabra de Dios no se limita a referirse únicamente a creyentes en Cristo y no creyentes en Cristo. También se refiere a la misma fe, al mismo llamado y a la misma pasión.

La esencia de una persona es su ser interior. Es allí donde sucede el "match" que Dios hace, donde al encontrarse con la persona correcta (para ti), descubres que hay una esencia en el fondo que es similar a lo que tú eres. Entonces, muchas cosas podrán ser diferentes y complementarias, pero la esencia de la persona, para lo que Dios lo creó, para el propósito que debe cumplir, necesita ser similar. La esencia de una persona quizás no la descubras en la primera cita, y quizás tampoco después de doscientas. Pero muchos matrimonios no son duraderos porque nunca tomaron el tiempo para explorar, escuchar y ver lo interior de su pareja. O cuando lo hicieron, ya era demasiado tarde.

Es necesario que, en una relación de pareja donde buscas la unión en yugo igual, te tomes el tiempo para oír el corazón del amigo o amiga con quien estás pensando que tendrás una relación de matrimonio.

Ambos deben descubrir que, en lo esencial, son compatibles: son esforzados, ambos tienen metas altas, sueños grandes y comparten la misma pasión. No te estreses. En la medida que abres tus ojos y pones atención a la esencia de una persona, descubrirás que allí está, frente a tus ojos, el hombre o la mujer de tu vida. Lo que siempre has anhelado hacer, lo que has soñado y que está muy en lo interior de ti, lo que nadie había descubierto pero que está justo allí. En un simple vistazo, encuentras que lo que sientes dentro de ti, que aún no ha sido expresado con palabras, la otra persona lo describe para ti.

Debes tener claro en tu corazón y en tu mente que los polos iguales se repelen, que lo atractivo es la diferencia y lo ideal es la complementariedad y el equilibrio.

Esas diferencias de personalidad, estilo y habilidades le dan fortaleza a una relación de pareja. Dios nos hizo diferentes para que nos complementáramos. Pero las partes esenciales deben estar bien sincronizadas para asegurar su permanencia, su amalgama perfecta y su funcionalidad eterna.

2. Tomarlo con responsabilidad

"Este negocio..." Como lo calificaron en la conversación entre Abraham y su siervo, a quien encargaron encontrar esposa para Isaac, no es algo de tomarse a la ligera. Mejor es retrasar la decisión unos días, meses, o incluso años, hasta tener la certeza de que es la persona que Dios preparó para ti. "Este negocio" de traerte a tu pareja, es un negocio de Dios. Creo que Dios es el más interesado en que tú encuentres a la persona de tus sueños.

A veces los chicos están convencidos de que Dios les puso a jugar un juego cruel, escondiendo el tesoro, dando pistas y luego nada, no aparece el tesoro. Pero "este negocio" es una idea de Dios, por lo que debes tomarlo con seriedad. Es uno de los pocos en los que no se debe fallar. Los riesgos deben minimizarse lo máximo posible. Desde el inicio de la creación, lo primero que Dios se ocupa en hacer es el "match" perfecto, con diseño celestial, con marca divina. No sé tú, pero yo quiero que mi matrimonio tenga la marca de "*Made in Heaven*" (Hecho en el Cielo); es una marca de éxito. ¿Quién se atreve a iniciar una aventura de la magnitud del matrimonio sin que tenga la marca del éxito? Yo te recomiendo "ni te atrevas".

Un "match" hecho en el cielo

Es un hecho bien sabido que muchos hombres y mujeres no tienen su prioridad en la familia. Sus prioridades están centradas en sus logros personales, tanto académicos como financieros.

Pero desde el inicio de la creación, Dios aclara que "no es bueno que el hombre esté solo".

Para Adán, estar solo no era una buena condición. Así que Dios decide crear, junto con todas las cosas creadas, también la familia. Funcionar en familia es una idea de Dios.

> *"Por esta causa doblo mis rodillas ante el Padre de nuestro Señor Jesucristo, de quien toma nombre toda familia en los cielos y en la tierra".*
>
> *Efesios 3:14-15*

SOLTEROS Y ¿SIN COMPROMISO?

Las familias toman su nombre y su identidad en el Padre. Por lo tanto, tener una familia que funcione y cumpla los propósitos eternos de Dios debería ser una prioridad para cada ser humano, después de la prioridad de buscar y honrar a Dios.

Buscar y honrar a Dios es la prioridad número uno de todo hijo de Dios, pero la prioridad que le sigue, la número dos, es cuidar y mantener una familia. Tener una familia que honre a Dios y dé testimonio de un Dios vivo es una prioridad, no una opción.

Hace muchos años escuché una enseñanza del pastor Jon Courson que me impactó, sobre el "match" hecho en el cielo.

La explicación que él dio era tan sencilla que si quisiera repetirla no sabría cómo, pero aprendí algo así: aun cuando Adán no sabía lo que era estar o no solo, Dios sabía de su necesidad aún antes de que Adán mismo lo supiera. No tenía idea del concepto, ni de lo que eso significaba para él. Dios le dio una tarea: poner nombre a cada pareja de animales: señor y señora jirafa, señor y señora elefante, señor y señora rinoceronte, y así hasta que notó que él mismo no tenía su señora, no tenía su propia compañía. Entonces, se encontró buscando a alguien que pudiera ser su compañera ideal. Tenía que encontrar a alguien, era urgente, se estaba quedando sin opciones. Imagino que pudo haberse ido de fiesta a una disco y regresar con el primer chimpancé que encontró. Eso pasa a veces con los solteros. Se ponen un sombrero de urgencia, sin ir al lugar correcto a buscar esposo o esposa. Se apresuran y se adelantan a los planes de Dios. Pero, a pesar de todo el sentido de urgencia, Dios tenía una mejor idea y pone a Adán a dormir: "Ve a dormir", pudo haber dicho. "Yo me encargo y te consigo tu pareja ideal".

¡Cuando Adán se despierta, dice wow! ¡Hueso de mis huesos, carne de mi carne, será llamada Varona! En inglés: Man / Woman. En hebreo, "'*ish*" (hombre) y "'*ishah*" (mujer). Hueso de mi hueso y carne de mi carne significa: "es parecida a mí, es mi exacto complemento".

Cada persona llamada al matrimonio tiene asignado su complemento exacto. Una persona que tiene los mismos componentes, la misma esencia, que complementa al otro. Su complemento en su cuerpo, mente, emociones y espíritu. Por eso hay una atracción física, emocional, y espiritual.

Así, un hombre o una mujer pueden identificar quién es la persona que Dios les ha enviado a ellos en particular. Dios tiene el diseño perfecto. Debes aprender a confiar en Él, porque fue idea de Dios crear ese complemento. Aprende a descansar en Dios, eso fue lo que hizo Adán: dormir. Como señal de confianza, deja el afán y desarrolla la fe; eso te hará dormir en paz y confianza.

Dios está en control, fue Su idea, y Él la completará en ti, como lo hizo con Adán. El diseño, el match, está hecho desde el cielo.

Dios escoge la novia

Necesitamos destacar nuevamente que es Dios quien escoge la novia o el novio. En el caso de la esposa de Isaac, fue Dios quien la escogió. Génesis continúa el relato de la aventura del siervo de Abraham. Este siervo, fiel a su amo y a la asignación que había recibido, no quería tomar ningún riesgo.

No quería equivocarse al elegir a la novia de Isaac. Como buen temeroso de Dios que era, sabía que Dios ya había reservado a la novia para el muchacho, y también reconocía su propia limitación humana. El ser humano se deja llevar por lo que ven sus ojos, por lo que alcanzan a percibir con sus sentidos físicos. Por esta razón, el siervo hace una oración que, sin duda, todos los que están buscando pareja deberían hacer. Le pide a Dios señales, le pide dirección con percepciones visibles para él.

> *"E hizo arrodillar los camellos fuera de la ciudad, junto a un pozo de agua, a la hora de la tarde, la hora en que salen las doncellas por agua. Y dijo: Oh Jehová, Dios de mi señor Abraham, dame, te ruego, el tener hoy buen encuentro, y haz misericordia con mi señor Abraham. He aquí yo estoy junto a la fuente de agua, y las hijas de los varones de esta ciudad salen por agua. Sea, pues, que la doncella a quien yo dijere: Baja tu cántaro, te ruego, para que yo beba, y ella respondiere: Bebe, y también daré de beber a tus camellos; que sea ésta la que tú has destinado para tu siervo Isaac; y en esto conoceré que habrás hecho misericordia con mi señor".*
>
> *Génesis 24:11-14*

Sorprendente. No puedo ni siguiera imaginar cómo fue ese momento de fe para este siervo.

Reconoció que Dios tenía un papel superior a la asignación que él había recibido. Abraham había descansado en su siervo la selección de la dama, su futura hija política, "la que traiga esa será", seguramente dijo.

¡Qué responsabilidad para este hombre! Y si se equivocaba y llevaba a una chica floja, desinteresada, descuidada, pecadora, irrespetuosa... todo lo que no quisiéramos para esposa de nuestros hijos.

Era una gran responsabilidad para él, y él lo sabía. Por eso no quiso tomarse riesgos. Reconoció que Dios tenía el control, que Dios no se equivocaría, y que él solo necesitaba reconocer lo que Dios ya había destinado: "que sea ésta la que tú has destinado para tu siervo Isaac". Esa era la clave: reconocer en la tierra lo que Dios ya había preparado desde el cielo para Isaac.

Es exactamente lo que estoy segura de que todos los chicos en edad de matrimonio deberían hacer. Arrodilla tus camellos, parquea tu carro, baja tus maletas y ora a Dios. Pide que Él te permita tener un buen encuentro con la mujer que Él ya preparó para ti, con el hombre que Él tiene diseñado para ti desde el cielo.

Que haya ese temor que hubo en el siervo de Abraham, entre tantas doncellas hermosas, amables y atractivas a tu alrededor.

Que sepas reconocer la que Dios tiene preparada para ti. Es una gran responsabilidad, no te puedes equivocar. No puedes fallar. Los chicos hoy tienen muchos encuentros con potenciales candidatos: viejos amigos del colegio, compañeros de la universidad, colegas de trabajo, chicos en las iglesias, amigos de tus amigos, primos de tus mejores amigos... En cualquier lugar puede estar tu esposo o tu esposa.

Siempre habrá doncellas hermosas, caballeros de ensueño que podrían impresionar tus sentidos físicos.

Siempre el atractivo físico ocupará un lugar predominante, pero no debería ser lo que determine tu elección. Es la confirmación de Dios la que te guardará de equivocarte.

Si Dios ya tiene preparada la persona para ti, si la diseñó desde el cielo, tienes una gran responsabilidad.

Debes elegirla, no te puedes equivocar. Tu *match* ya fue hecho en el cielo.

Debes tener tu momento de fe como el siervo de Abraham y no desmayar hasta encontrar esa persona que Dios ya diseñó para ti.

3. La provisión para la novia

Cuando se trata de buscar pareja, la pregunta no debe ser: ¿qué voy a conseguir con esta relación?, ¿qué voy a recibir?, o ¿qué voy a ganar?, sino más bien: ¿qué traigo para ofrecer?, ¿qué llevo en mis manos para dar a esta relación?, ¿cuál es la provisión que llevo en mi alforja y cuál es el tesoro que estoy trayendo al matrimonio?

La Biblia es clara cuando nos muestra que, al ir a buscar la futura esposa, el siervo fue con una carga de obsequios y presentes. No era solo para impresionar —aunque sin duda lo hizo—, ya que los regalos transmitían un mensaje de prosperidad. Pero más que impresionar, los llevaba para indicar a la familia de la novia y a ella misma que aceptar esa propuesta de matrimonio era una buena decisión. Los presentes no compraban un compromiso, pero aseguraban al padre, la madre y los hermanos de Rebeca que ella no pasaría necesidades. Que su futuro esposo era un hombre próspero, heredero de muchos bienes, un soltero perfecto.

Nota que el enviado a buscar la novia no fue con las manos vacías, como un pobre mendigo necesitado de refugio, suplicando compasión a una futura esposa.

Aunque algunas mujeres pueden parecer heroínas y salvadoras en algunas relaciones, tratando de rescatar a hombres de la desgracia, el vicio o la pobreza, ese no es su diseño natural. El diseño de la mujer incluye el anhelo de seguridad y protección proveniente de su futuro compañero de vida. Mientras más seguridad ofrece un caballero, más atractivo y deseable se vuelve.

No estamos hablando de intereses mezquinos o materialistas, sino de entender qué tipo de vida le espera a una mujer al lado de un potencial compañero para toda la vida. El candidato a esposo no tiene que ser millonario, pero debe demostrar carácter: ser un hombre esforzado, protector y responsable.

Hay chicos que se despreocupan totalmente de lo que tienen que ofrecer para su futuro matrimonio. Trabajan y gastan todos sus ingresos en sí mismos, en diversión y en extravagancias. No muestran el más mínimo interés en ahorrar, invertir a temprana edad o prepararse para el matrimonio. Se trata de tener una actitud esforzada y diligente, de traer beneficio a la relación y agregar valor, no solo de obtener algo de ella.

Recuerdo un amigo cercano que nos compartía su preocupación sobre el pretendiente de su hija. Ella, una joven muy esforzada y trabajadora, ya había completado su carrera de Derecho, tenía su propio bufete y estaba por terminar una maestría. Sin embargo, su novio, un poco mayor que ella, aún no terminaba la universidad, vivía con su madre y no mostraba intenciones de trabajar. El padre, muy preocupado, nos decía: "No sé qué pensar, no tiene la más mínima preocupación por trabajar. Ve a mi hija esforzada y trabajadora, y con eso le basta".

No se trata de tener toda la vida resuelta antes del matrimonio —de ninguna manera—. Pero sí se trata de tener algo que ofrecer. ¿Cuál es tu provisión para tu futura esposa? Si estás en edad de matrimonio y buscando una pareja, ¿qué tienes para ofrecerle? Y si eres mujer, ¿qué provisión traes tú al matrimonio?

La provisión para la novia o el novio debe abarcar todas las áreas de la vida. Recuerda que esos "presentes y obsequios" simbolizan tu aporte a una relación de familia que se espera sea próspera en todos los ámbitos.

¿QUÉ TIENES QUE OFRECER EN EL AMBIENTE ESPIRITUAL?

¿Eres un hombre o una mujer temerosa de Dios? ¿Eres un líder en el servicio al Señor, apasionado por su presencia? Piensa: si tuvieras que elegir entre muchos candidatos, ¿no escogerías al más espiritual? La mujer temerosa de Dios, que vive con integridad y ama servir al Señor, es profundamente atractiva para un varón de Dios. ¿Eso es lo que tú quieres, verdad? ¿Un hombre de Dios? Entonces tú debes ser primero una mujer de Dios.

Y si eres varón, ¿con quién anhelas compartir el resto de tu vida? ¿Con una mujer insegura y quejumbrosa? ¿O con una mujer de fe, guerrera y llena de gracia? ¿Eso es lo que tú quieres, verdad? ¿Una mujer de Dios? Entonces tú debes ser primero un hombre de Dios.

La provisión para la pareja no es lo que ella o él me trae, sino lo que yo he atesorado durante años. Es lo que he cultivado, el tesoro que he guardado, y que ahora tengo para ofrecer.

Estoy queriendo resaltar que la visión para el noviazgo debe estar enfocada en mí mismo, en lo que tengo para ofrecer como persona. Debes cuidar tu vida espiritual, tus emociones, tu apariencia y tus finanzas.

Mientras mantengas estas áreas de tu vida saludables, tendrás mucho para ofrecer. El noviazgo no debe valorarse únicamente por los bienes materiales, pero sí por el esfuerzo en cuidar la provisión para el futuro hogar.

Si tu novia es una chica que aún tiene deuda por los zapatos que lleva puestos, pregúntale también por su tarjeta de crédito y otras deudas. Si le debe a su mamá, a su mejor amiga y hasta a la vecina de la esquina, ten por seguro que es una mala administradora de sus finanzas, y que, si no corrige esas áreas, podría llevar las finanzas del matrimonio a la bancarrota.

Si tu novio es un chico flojo, que no le gusta esforzarse, es perezoso para levantarse, pero sí le gustan las cosas buenas y los pantalones de marca, ten por seguro que será un hombre descuidado al momento de proveer para su hogar.

Si te quieres casar, es tiempo de ahorrar. No necesitas tener ya la sala amueblada, el carro del año ni el trabajo de tus sueños, pero sí debes tener un plan de vida financiero, una cuenta de ahorros y al menos unas finanzas saludables. Si no tienes trabajo, no vayas a pedir la mano de tu novia. Hay cosas básicas que debes proveer; un varón no puede descuidar su rol de proveedor, por lo que debe ser esforzado. Una primera impresión de "hombre mantenido" arruinará por completo el inicio de una relación. Un hombre mantenido y haragán no es atractivo, ni mucho menos buen candidato.

Aclaro una vez más: que un hombre tenga mucho dinero no garantiza que será un buen esposo. Pero un hombre descuidado y flojo, tampoco lo será.

El noviazgo con un hombre que se preocupa por proveer, que se esfuerza por cubrir las necesidades básicas de una futura familia, es un principio bíblico. Las mujeres también deben preparar su provisión: ser buenas trabajadoras, esforzadas y excelentes administradoras.

¿QUÉ LLEVAS AL MATRIMONIO? ¿CUÁL ES TU PROVISIÓN?

En lo espiritual, en lo económico y en lo emocional. Una chica sonriente, positiva, saludable y feliz, trae consigo belleza, gracia y una provisión invaluable para su futuro matrimonio. Cuida de ti, invierte en ti, esfuérzate, prepárate continuamente para tener y dar una hermosa provisión. Aprende a cocinar, a cambiar una bombilla, a conducir un vehículo y a cambiar una llanta. Todo eso desarrollará habilidades integrales que serán tus regalos, tus presentes para el matrimonio. ¡Nadie podrá resistirse a una dama que viene cargada de buenas sorpresas para su hogar!

Un chico seguro de sí mismo, decidido y valiente, trae consigo ese atractivo masculino que refleja fuerza y seguridad. Cuida de ti, ve al gimnasio, haz tu plan de ahorro, aprende a conducir un vehículo, una moto, o hasta un caballo. Debes prepararte para ser el mejor proveedor de protección y seguridad. Desarrolla habilidades nuevas: aprende a tocar la guitarra, a hablar otro idioma, a hacer un pastel o a reparar un motor.

¡Cualquier mujer quedará impresionada con un hombre que sabe ser un gran solucionador de problemas en el hogar!

Nadie podrá resistirse a un caballero que llega con su alforja repleta de habilidades.

> *"Entonces Labán y Betuel respondieron y dijeron: De Jehová ha salido esto; no podemos hablarte malo ni bueno. He ahí Rebeca delante de ti; tómala y vete, y sea mujer del hijo de tu señor, como lo ha dicho Jehová. Cuando el criado de Abraham oyó sus palabras, se inclinó en tierra ante Jehová. Y sacó el criado alhajas de plata, alhajas de oro y vestidos, y dio a Rebeca; también dio cosas preciosas a su hermano y a su madre."*
>
> *Génesis 24:50-53*

En resumen, lo que enseña la Palabra de Dios sobre el noviazgo es muy claro: debes esperar en Dios —y de Dios— tu pareja. No se trata de ir por ahí, de chico en chico o de chica en chica, como jugando *"tin marín de do pingüé"*. Si ese fuera el método, tendrías mucho de qué preocuparte, pues el azar es incierto y fortuito.

En cambio, la Palabra de Dios nos enseña que Él está en control, y que puedes descansar en Él. Puedes dormir tranquilamente, como Adán, y confiar en que Dios tendrá, en su tiempo, el regalo más maravilloso para ti.

Más adelante hablaré sobre ser proactivos al buscar pareja, porque no puedes dormir como el camarón... "que se lo lleva la corriente". Sin embargo, es necesario dejar el afán y la urgencia, que solo demuestran falta de fe. Descansar en Dios y dormir confiadamente certifica que estás creyendo con fe, y por fe, Dios proveerá tu pareja en el momento correcto.

> *"Porque todas las promesas de Dios son en Él, Sí; y en Él, Amén."*
>
> *2 Corintios 1:20*

No es necesario salir con una y otra persona hasta descubrir cuál es la ideal. Dios entrega lo mejor, por lo tanto, si Dios tiene a un hombre amado por Él, también le buscará la mejor esposa. Busca ser el amado de tu Padre, porque el hijo que complace a su Padre recibirá lo mejor de Dios.

Por esa razón, cambia tu perspectiva: no se trata de buscar recibir lo mejor, sino de asegurarte de que tú eres lo mejor que Dios tendrá para ofrecer a ese hijo o hija que le agrada. Recuerda siempre que Dios se ocupará de darte lo mejor. Ese es Su trabajo. Tu tarea es preocuparte por ser tú el mejor que Dios desea escoger para alguien. Piensa así:

"Soy lo mejor que Dios tiene para lucir.

Soy lo mejor que Dios puede ofrecer a una chica amada por Él.

Soy lo mejor que Dios ha venido cultivando y cuidando todos estos años para bendecir a la persona que Él ya eligió para mí."

Deja que Dios invierta en tu vida, para equiparte, prepararte y disponerte para la pareja que esperas. Si Dios te está preparando, también es porque esa persona será la mejor para ti.

- No te ocupes de buscar al mejor, ocúpate en ser tú el mejor.
- No te afanes por tener a la más linda, sé tú el más lindo.
- No te afanes por tener al más fuerte, sé tú la más fuerte.

El "match" lo hará Dios desde el cielo, y lo traerá a ti en su tiempo y en su manera.

Este es el final feliz, la culminación de una anhelada espera, una celebración que marca toda una vida. Es el cumplimiento de los propósitos eternos de Dios. En Isaac y Rebeca, Dios cumple la promesa dada a Abraham muchos años atrás: que de él haría una gran nación. De Abraham saldría una descendencia que cumpliría Sus planes.

SOLTEROS Y ¿SIN COMPROMISO?

¡Así celebra Dios!

> *"Y había salido Isaac a meditar al campo, a la hora de la tarde; y alzando sus ojos miró, y he aquí los camellos que venían. Rebeca también alzó sus ojos, y vio a Isaac, y descendió del camello; porque había preguntado al criado: ¿Quién es este varón que viene por el campo hacia nosotros? Y el criado había respondido: Este es mi señor. Ella entonces tomó el velo, y se cubrió. Entonces el criado contó a Isaac todo lo que había hecho. Y la trajo Isaac a la tienda de su madre Sara, y tomó a Rebeca por mujer, y la amó; y se consoló Isaac después de la muerte de su madre."*
>
> *Génesis 24:63- 67*

Capítulo 4

¿ALGUIEN DIJO SEXO?

Sexo. Resulta muy difícil empezar a escribir esta línea con la palabra "sexo" al inicio. Es más, resulta difícil escribirla en cualquier parte del párrafo. Porque la palabra en sí ha sido tan mal usada que cualquiera se ruboriza al hablar del tema. Incluso, algunos podrían dejar de leer estas enseñanzas al pensar que se trata de sexo como algo sucio o pecaminoso.

Y exactamente de eso queremos hablar. Queremos hablar de cómo los pensamientos y creencias de nuestra sociedad han sido contaminados con la idea de que el sexo es algo impuro, sucio y, por lo tanto, un tema prohibido entre cristianos. Esa ha sido una de las razones por las que todo lo relacionado con el sexo se mantiene oculto o en secreto dentro del entorno familiar.

A los niños se les enseñaba con gran convicción que los bebés venían de París. La mayoría llegaban en el pico de una cigüeña, envueltos en un lindo pañal, volando desde tierras lejanas para ser entregados a una familia. Los que no alcanzaban cigüeña, llegaban con el repartidor del pan.

Cuál sería la sorpresa de esos pequeñines cuando descubrían que todo eso era una gran farsa, y que en realidad sus padres habían tenido relaciones sexuales, y como consecuencia de ese contacto íntimo, la mamá había quedado embarazada, preñada, o "esperando un bebé", como prefieras decirle.

En muchas familias del altiplano de Guatemala, donde las madres dan a luz en casa, se vive toda una ceremonia alrededor del parto. Uno de los rituales es sacar a los niños y adolescentes no solo de la habitación, sino también de la casa... ¡y si se pudiera, de toda la comunidad! Porque no deben, no pueden, no necesitan enterarse de cómo nacen los bebés. No se debe romper el "gran secreto de los adultos": que los bebés se encargan por internet o se compran en la tienda más grande del pueblo... en lugar de decirles la verdad: que son engendrados por el contacto sexual entre un hombre y una mujer.

Recuerdo que un joven de una comunidad me contaba que, cada vez que iba a la famosa tienda del pueblo, observaba las cajas vacías en lo más alto de la estantería. Según sus padres, eran las cajas donde venían todos los bebés del pueblo. Por eso las guardaban arriba, como recuerdo de los bebés que ya habían sido entregados.

Aunque da risa, es una triste realidad: muchos jóvenes han sido engañados por años, al no contarles con veracidad cómo queda una mujer embarazada y cómo da a luz.

Durante muchas guardias en el hospital, recuerdo varios casos de jovencitas que llegaron a dar a luz creyendo que tenían un dolor de estómago por indigestión.

¡Y cuál sería su sorpresa cuando esa "indigestión" salió con manitas, piecitos y un llanto estrepitoso de bebé recién nacido! Nunca supieron que estaban embarazadas, y mucho menos que un nuevo ser estaba creciendo dentro de ellas.

Estas mentiras piadosas que la sociedad ha sostenido hacia la infancia no deberían tolerarse más. Aún más, creo que los jóvenes solteros deberían alzar la voz y rebelarse contra tantos engaños y mitos relacionados con el sexo. Esta desfachatez de querer ocultar la verdad a niños y adolescentes ha sido la puerta abierta para que el enemigo se aproveche de los más chicos, despertando una curiosidad mal dirigida. El enemigo ha seducido con audacia para que descubran por sí mismos —y de forma equivocada— su sexualidad.

Debemos comenzar con la verdad

Dios creó al hombre, varón y hembra, y los unió para que se multiplicaran. En el libro de Génesis, la primera instrucción que Dios les dio al hombre y a la mujer —incluso antes de administrar el huerto— fue unirse en un acto sexual.

No puede haber nada más puro que eso. ¡Dios mismo dándoles la primera instrucción: únanse, tengan relaciones sexuales y disfrútenlas!

Pero un momento: nota que primero los bendijo en unidad matrimonial. Dios tenía un plan: establecer familias en la tierra.

Dios es un Dios de familias, de pueblos. Él quiere formar Su pueblo, Su familia.

Por eso dijo que en Abraham serían benditas todas las familias de la tierra. Dios nos ve como familias y nos bendice como tales. Y parte de la plenitud de una familia es disfrutar de la bendición y la plenitud sexual. Dios creó el sexo. Esa es la verdad. Y si Dios lo creó, es bueno. Dentro de Su plan y dentro de Su orden, el sexo es para que lo disfruten sus hijos, y aprendan a administrarlo, como cualquier otra parte de su cuerpo. Por lo tanto, mientras más sepas sobre cómo funciona tu cuerpo y tu sexualidad, mejor preparado estarás para disfrutarlo sanamente cuando llegue el momento correcto.

SOLTEROS Y ¿SIN COMPROMISO?

Algunas verdades sobre el sexo

1. **El sexo es idea de Dios.**

¡Y no cabe duda de que Dios solo tiene buenas ideas! Por eso es necesario reconocer algunas verdades sobre el sexo, y sobre esta gran idea divina.

2. **La sexualidad viene incluida en el paquete de la creación.**

Así como tienes ojos lindos o un cabello brillante, también tienes un órgano sexual: vagina o pene. *Wowow, ahora sí la dejé ir de un solo.* Pues sí. Eso que te enseñaron que se llamaba "panito" o "pajarito", realmente tiene un nombre propio: vagina y pene.

La sexualidad es parte del desarrollo de la persona, parte de tu composición física, y será parte de lo que te complementará en la vida. El sexo debe ser hablado y tratado con pureza.

3. **El diablo ha desvirtuado el sexo.**

Se ha aprovechado de la concupiscencia (la inclinación natural del ser humano al pecado) para desviar el propósito del sexo.

Por eso hoy, una película no parece buena si no hay una historia romántica… y mejor si esa historia termina en sexo. Eso tiene un atractivo morboso para el ser humano.

El sexo ha sido utilizado como herramienta de marketing, incluso en productos que no tienen nada que ver. Vemos anuncios de llantas, sierras eléctricas o ventanas, acompañados por una modelo en ropa de baño... como si fuera lógico que una mujer en bikini estuviera cortando árboles.

Ese tipo de pensamiento ha creado una cultura de morbosidad, doble sentido y vulgaridad, con chistes rojos, lenguaje sucio y pensamientos distorsionados.

La Palabra de Dios dice que, cuando vivíamos según la carne, las pasiones nos dominaban.

Las pasiones influyen en cómo pensamos, hablamos y actuamos respecto al sexo. Cuando no se ha rendido la vida a Jesús, el pecado reina: se piensa en sexo, se sueña con sexo, se habla de sexo... en otras palabras, el sexo domina la mente. Y eso sí es lo que ha vuelto pecaminoso y destructivo algo que Dios creó hermoso.

> *"Porque mientras estábamos en la carne, las pasiones pecaminosas que eran por la ley obraban en nuestros miembros llevando fruto para muerte."*
>
> **Romanos 7:5**

Lo que está diciendo el apóstol Pablo aquí es que las pasiones físicas y los deseos del cuerpo (la carne) dominaban a las personas, al punto que no podían decidir por sí mismas, sino que decidían en base a lo que su cuerpo les pedía. Este es un instinto muy primitivo, ya que el ser humano, a medida que se desarrolla y madura, aprende a controlar sus impulsos más básicos.

Un bebé, por ejemplo, tiene hambre y lo expresa a gritos para que le den leche materna. Si tiene necesidad de ir al baño, no dice "quiero hacer uno" o "dos", simplemente puja, se pone colorado y... "*plush*", ya resolvió su necesidad.

Pero cuando el niño crece, aprende a aguantarse, aunque todavía pueda tener accidentes. Y cuando llega a la adolescencia, no se toleraría a sí mismo un accidente, por muy discreto que fuera. Porque, naturalmente, todo tiene sus límites.

Lo mismo sucede con el sexo: Dios estableció límites.

Dijo: "Tienes toda la libertad de hacerlo y disfrutarlo... dentro de los límites del matrimonio."

Fuera de esos límites, el sexo es pecado Esto nos lleva a la siguiente verdad:

4. El sexo debe ocurrir solamente dentro del matrimonio.

Dios estableció el sexo para que sucediera en un ambiente de seguridad, compromiso y protección.

Fuera del matrimonio, el sexo se convierte en fornicación (si no estás casado) o adulterio (si ya estás casado y te unes con otra persona).

5. El sexo es para ser disfrutado.

El sexo no fue diseñado únicamente como un mecanismo de reproducción humana. También tiene el gran propósito de recrear el corazón y el alma, al mismo tiempo que se recrea el cuerpo.

El poder de la sexualidad y el pecado....

Dios creó el sexo para ser bueno. Lo primero que debemos aclarar en esta sección es que el sexo es bueno. El sexo es idea de Dios, y recrearse en él es parte de la emoción de vivir.

Como cristianos, hemos fallado en enseñar a los más jóvenes sobre el concepto del sexo y de la vida sexual en cada etapa de la vida. La enseñanza del sexo se ha dejado a las escuelas y a las calles. Los padres prefieren que los amigos enseñen a sus hijos antes que pasar por un momento incómodo.

Es más, aunque trabajo en el campo de la salud sexual y reproductiva, este fue el capítulo que escribí de último; no sabía cómo empezarlo. Fue hasta que Dios me redarguyó y me instruyó a hablar con franqueza, comenzando por mencionar la palabra "sexo" como tal.

Por modales o por "discreción", se le han puesto nombres y apodos a los eventos sexuales o a los órganos sexuales.

SOLTEROS Y ¿SIN COMPROMISO?

Por años oí decir "pajarito" al pene de un hombre o "panito" a la vagina de una mujer. Te estarás riendo seguramente. Pues claro, también has sido producto de esa forma equivocada de hablar.

Pero mientras más difícil se vuelva abordar estos temas, más complicado será lidiar con la pureza sexual.

> *"Y dijo Jehová Dios: No es bueno que el hombre esté solo; le haré ayuda idónea para él."*
>
> *Génesis 2:18*

La vida en pareja es la vida completa. Antes de eso, las personas están incompletas. Esa es una verdad ineludible desde el principio de la creación: Dios creó las lumbreras, los mares, los animales… y la familia.

Es claro que antes de proveer a Adán de su ayuda idónea, Dios observó que no era bueno que el hombre estuviera solo. Desde luego, también hay quienes han sido llamados a consagrar su vida a Dios y están completos en Él, como lo describiré más adelante en el capítulo sobre los eunucos espirituales.

Esta característica, lejos de ser peyorativa, es un privilegio, porque en Dios están completos.

Pero fuera de ese llamado especial a la consagración exclusiva a Dios, el diseño original es que un hombre se una a su mujer. Y esa unión no es solo emocional o social, también es física.

La unión física es la que Dios describe al instruirlos y bendecirlos, diciendo: "se unirán y serán una sola carne".

Dios bendice el sexo dentro del pacto matrimonial

Dentro de la seguridad del matrimonio —dentro del pacto entre un varón y una mujer—, el sexo es el vínculo que hace de dos, uno; los unifica.

Por eso debemos enfatizar que el sexo es bueno. El sexo es idea de Dios. El sexo es maravilloso porque fue idea de Dios.

> *"Por tanto, dejará el hombre a su padre y a su madre, y se unirá a su mujer, y serán una sola carne."*
>
> *Génesis 2:24*

Como fue Dios quien introdujo la relación entre el hombre y la mujer —Dios mismo presentó a Eva con Adán, y los bendijo e instruyó—, no había ninguna morbosidad ni pensamiento impuro.

El sexo, en su sentido más primitivo, es puro. No hay inmundicia en ello. Así convivían Adán y Eva: estaban ambos desnudos, y no se avergonzaban de su desnudez.

No había incomodidad entre ellos, ni se avergonzaban delante de Dios. Tal es el diseño original para la relación sexual en el matrimonio: no había vergüenza.

> *"Y estaban ambos desnudos, Adán y su mujer, y no se avergonzaban."*
>
> Génesis 2:25

El diseño de Dios fue corrompido por el pecado

Todo diseño del Creador ha sido corrompido por el enemigo de Dios y de toda su creación. Desde el principio, el pecado llegó a la vida de la pareja y terminó rompiendo el diseño original. Y fue precisamente en la vergüenza física donde se manifestó la esencia del pecado.

Luego de vivir en libertad y pureza sexual, fue en el área sexual y física donde el pecado se manifestó, trayendo impureza, perdición y vergüenza. Después de pecar, cuando Dios buscó a Adán y Eva como de costumbre, ellos se escondieron porque tenían vergüenza y cubrieron su desnudez con hojas de higuera.

El pecado, que entró por la desobediencia al comer del fruto del árbol del conocimiento del bien y del mal, se manifestó en la contaminación sexual. Se rompió la libertad para disfrutar del regalo que Dios había dado como un obsequio nupcial.

Satanás quiere robar la bendición del sexo

Hemos dicho que el sexo es el regalo de Dios para el matrimonio. Dios bendijo la unión matrimonial y la completó diciendo: "serán una sola carne". Como un regalo de bodas, Dios entregó el gozo del sexo para ser disfrutado en el contexto correcto.

Si ese era el plan original, entonces:

- ¿Dónde se introdujo la inmoralidad sexual?
- ¿Quién se robó la pureza del sexo?

Sin duda, el ladrón de los ladrones. Satanás se hizo experto en quitar el regalo de la pureza sexual, desvió la mente de hombres y mujeres, y les mostró formas pecaminosas de vivir su sexualidad.

Introdujo con lujo de detalles:

- El homosexualismo.
- La masturbación.
- La fornicación.
- El adulterio.
- La prostitución.
- Y toda clase de desviación sexual.

> *"El ladrón no viene sino para hurtar y matar y destruir; yo he venido para que tengan vida, y para que la tengan en abundancia."*
>
> Juan 10:10

Robar el regalo y el deleite que Dios tiene para el matrimonio en el sexo es la principal tarea de Satanás para destruir la familia y, como consecuencia, la sociedad.

Hay un plan activo de destrucción de las bases de una nación al destruir el orden de Dios para la familia. Los muchos hijos sin cuidado de sus padres, las desviaciones y el comercio sexual (como la trata de personas), la prostitución, la violencia sexual y el abandono del hogar, son flagelos que han corrompido la sociedad y puesto en riesgo la estabilidad de las naciones.

La Biblia nos advierte con claridad sobre estas desviaciones.

El Reino de Dios está reservado para quienes le obedecen, no para quienes le deshonran.

> *"¿No sabéis que los injustos no heredarán el reino de Dios?*

> *No erréis: ni los fornicarios, ni los idólatras, ni los adúlteros,*
> *ni los afeminados, ni los que se echan con varones,*
> *ni los ladrones, ni los avaros, ni los borrachos,*
> *ni los maldicientes, ni los estafadores, heredarán el reino de Dios."*
>
> 1 Corintios 6:9-10

Este pasaje es claramente una exhortación del apóstol Pablo a la pureza. El verso 9 se enfoca especialmente en advertir sobre la impureza sexual.

Los seres humanos tienen un potencial maravilloso en su vida sexual, pero justamente por lo maravilloso de ese potencial, ha sido este uno de los principales motivos de desviación del hombre — junto con el poder y el dinero.

Muchos hombres y mujeres intentan engañarse a sí mismos, minimizando el peso de la instrucción de Dios, diciendo: "Si Dios es bueno, me va a aceptar así, porque no depende de mí… yo nací con esta preferencia sexual."

Eso es engañarse a uno mismo.

La Biblia claramente indica que ninguno que practica actos impuros heredará el Reino de Dios, lo quieras o no creer. Te parezca lógico o no.

Aunque te creas muy racional, incluso más racional que Dios, nada de lo que creas o quieras creer podrá cambiar las advertencias explícitas de Dios.

GUARDARSE VIRGEN HASTA EL MATRIMONIO

La pureza es el tesoro que guarda cada hombre y mujer para entregarse el uno al otro en el matrimonio. Por definición, la virginidad es mantener un producto en su forma original, en estado de pureza. Puede tratarse de un objeto, un proceso o un individuo: si no está contaminado, si no ha corrompido su pureza y propósito, se mantiene virgen. De allí podríamos decir que una persona, joven o adulta, es virgen en su sexualidad, en su forma de pensar o en su cuerpo cuando ha mantenido la pureza en su ser integral. Entonces, el concepto de virginidad es relativo, porque depende de cómo su ser interior conserva esa pureza.

La historia de la sociedad ha hecho que se pierda el valor de la virginidad, porque se ha perdido el sentido de pureza. Se ha aceptado que un hombre o una mujer puedan experimentar con el sexo desde muy jóvenes y cambiar de pareja cuando lo deseen; sexo sin compromiso y sin límites. Sin temor de Dios, sin deseo de mantenerse en castidad y pureza hasta el matrimonio, este concepto se volvió anticuado y obsoleto. Por eso, aunque el anhelo de encontrar una pareja con quien compartir toda la vida siendo virgen aún existe, ya no se considera un requisito para el matrimonio.

Más bien, se ha vuelto tolerable que ambos hayan tenido experiencias sexuales antes de casarse. Según este pensamiento, ser virgen ya no agrega valor a la relación. Sin embargo, esta aparente tolerancia hacia las experiencias sexuales previas casi siempre produce relaciones matrimoniales frágiles y con desconfianza. Mientras tanto, Dios nos propone una alternativa más sublime: nos anima a guardarnos puros, física y emocionalmente. La Biblia nos dice que la unidad sexual convierte a dos personas en una sola. Debido a la unión sexual, dos se vuelven uno; es la unidad más sorprendente y maravillosa.

> *"Por tanto, el hombre dejará a su padre y a su madre y se unirá a su mujer, y serán una sola carne."*
>
> *Génesis 2:24*

La unidad en una relación de pareja produce regocijo, y mientras más pureza haya al inicio de esa relación, más se disfrutará la intimidad en la vida matrimonial.

El sexo fuera del pacto matrimonial es pecado

Aunque parezca repetitivo, diremos claramente que el acto sexual fuera del matrimonio es pecado.

He oído conversaciones sobre si una relación sexual fuera del matrimonio es fornicación o adulterio, pero para fines prácticos es lo mismo: el acto de desobediencia es lo que está en el centro de la cuestión.

Pero, para los observadores, describamos las definiciones de estos términos según el diccionario:

Adulterio: Relación sexual de una persona casada con otra que no es su cónyuge. El adulterio (del latín *adulterium*) se refiere a la unión sexual de dos personas cuando uno o ambos están casados con otra persona. Atenta contra la promesa de fidelidad hecha en el matrimonio. La Biblia lo condena tajantemente desde el inicio:

> *"No cometerás adulterio."*
>
> *Éxodo 20:14*

Fornicación: Se consideran fornicación las acciones sexuales ilícitas que no están dentro del matrimonio. (Del latín *fornicāri*, que significa "tener relaciones sexuales con una prostituta"). La iglesia cristiana primitiva fue amonestada contra esta forma de impureza, instruyendo a los creyentes a "apartarse de las contaminaciones de los ídolos, de fornicación, de ahogado y de sangre." (Hechos 15:20)

Bíblicamente hablando, el adulterio incluye el concepto de la fornicación. Ambos pecados se refieren a relaciones sexuales fuera del matrimonio y, por lo tanto, incurren en desobediencia a Dios. Para fines de agradar a Dios, ambos pueden agruparse bajo un solo concepto: inmoralidad sexual. Tanto el adulterio como la fornicación deshonran a Dios, con la diferencia de que, en el adulterio, también hay una tercera persona afectada: el cónyuge traicionado.

El Nuevo Testamento nos recuerda:

> *"Honroso sea en todos el matrimonio, y el lecho sin mancilla; pero a los fornicarios y a los adúlteros los juzgará Dios."*
>
> *Hebreos 13:4*

El Señor lo hizo todo con un tiempo y propósito. La Biblia dice:

> *"Todo lo hizo hermoso en su tiempo."*
>
> *Eclesiastés 3:11*

Y el tiempo que Él ha determinado para la intimidad sexual entre un hombre y una mujer es dentro del matrimonio. Tener una relación de este tipo antes del matrimonio, o con otra persona después de casarse, va en contra de la voluntad de Dios. Aun si un cónyuge aprueba una relación extramarital, eso no significa que Dios lo apruebe.

Mantenerse puro

Jesús elevó el estándar de la ley, profundizando el significado del adulterio o la fornicación, mostrando que el pecado nace en el corazón. Luego explicó la conducta radical necesaria para evitar este pecado, señalando que es mejor perder partes del cuerpo que te hacen pecar, que perderlo todo en el infierno.

Es un mensaje radical y profundo, pero claro y sencillo: no juegues con el pecado. Es serio. Es cuestión de vida o muerte. Jesús lo explicó así:

> *"Por tanto, si tu ojo derecho te es ocasión de caer, sácalo, y échalo de ti; pues mejor te es que se pierda uno de tus miembros, y no que todo tu cuerpo sea echado al infierno. Y si tu mano derecha te es ocasión de caer, córtala, y échala de ti; pues mejor te es que se pierda uno de tus miembros, y no que todo tu cuerpo sea echado al infierno."*
>
> *Mateo 5:29-30*

El corazón es el lugar donde se gesta el pecado. Un pensamiento o sentimiento pecaminoso que se cultiva allí crecerá y dará lugar a un acto pecaminoso.

La batalla contra el pecado sexual es una lucha diaria. Son pecados que afectan la carne, pero también pueden estar ligados al pasado y a lo heredado.

Si un joven fue abusado de niño o expuesto a eventos sexuales violentos, su comportamiento en la juventud será influenciado por esos traumas.

Aquellos que fueron expuestos a pornografía o imágenes sexuales desde pequeños, voluntaria o involuntariamente, tendrán una marca que afectará su comportamiento sexual futuro.

Adicionalmente, las maldiciones generacionales son eventos heredados que también influyen en la conducta. Los pecados sexuales de padres y abuelos pueden manifestarse en las generaciones siguientes.

Sin embargo, el Nuevo Testamento enfatiza el poder de la santificación y de consagrar nuestras vidas a Dios.

Así lo describe el apóstol Pablo en su carta a los Tesalonicenses:

SOLTEROS Y ¿SIN COMPROMISO?

> *"Pues la voluntad de Dios es vuestra santificación; que os apartéis de fornicación; que cada uno de vosotros sepa tener su propia esposa en santidad y honor; no en pasión de concupiscencia, como los gentiles que no conocen a Dios."*
>
> *1 Tesalonicenses 4:3-5*

Las relaciones sexuales antes del matrimonio, aunque sean producto del enamoramiento y la pasión, son categorizadas como pecado. No tiene que ser perverso para ser deshonroso. No tiene que ser obsceno para ser pecaminoso. Los jóvenes enamorados que entregan sus cuerpos por amor a su pareja desestiman el proceso de santificación que Dios está obrando en ellos. Huye igualmente de ello. No des lugar a momentos a solas, no te expongas a citas privadas ni a ambientes oscuros. Espera el momento. Será maravilloso. Dios lo tendrá dispuesto en su tiempo, y estarás más listo que nunca para vivirlo en plenitud. Jesús dio su vida por nosotros, pagó el precio de nuestras culpas y nos santifica en Él. Cuando seas tentado con pensamientos que no agradan a Dios, no temas, no te culpes, no te escondas. Jesucristo ya pagó el precio de tu redención. No huyas a cualquier lugar: huye hacia Él.

> *"Porque no tenemos un sumo sacerdote que no pueda compadecerse de nuestras debilidades, sino uno que fue tentado en todo según nuestra semejanza, pero sin pecado. Acerquémonos, pues, confiadamente al trono de la gracia, para alcanzar misericordia y hallar gracia para el oportuno socorro."*
>
> *Hebreos 4:15-16*

Capítulo 5

CÓMO BUSCAR Y ESTAR AL ACECHO

Para encontrar, hay que buscar. No te pongas rezongona o rezongón. Un soltero o soltera que está convencido de que ya es tiempo de formar un hogar y encontrar pareja, debe buscarla. Las cosas en la vida no pasan al azar, aunque muchos así lo creen: "La suerte me dará una esposa", "con suerte conseguiré un buen esposo". Eso es completamente falso. Tú debes hacer tu parte.

No es necesario repetirlo, pero me permitiré hacerlo: Dios tiene preparado un esposo o una esposa para ti. Él hace su parte, pero tú debes hacer la tuya. El hecho de tener un novio o novia requiere búsqueda. Dios también quiere que hagas tu parte, que estés al acecho como un felino a su presa, que busques activamente a tu pareja.

Las mujeres solitarias, tristes, deprimidas y encerradas en casa difícilmente encontrarán al chico de sus sueños. Por muy lindas y talentosas que sean, pueden terminar solteras toda la vida. Como he dicho antes, el plan de Dios es que tengas una pareja, que formes una familia.

No es bueno que estés sola. Las solteronas suelen ser mujeres que sienten que les faltó algo. A menos que tengas un llamado a ser "eunuco espiritual" —como explicaré más adelante—, tanto el hombre como la mujer solteros no están satisfechos; muchos incluso están frustrados y amargados.

Entonces, antes de caer en el rango de oportunidades limitadas, o antes de alcanzar el punto de "todos mis amigos se casaron", debes activar el chip de "estoy disponible". Pero es normal preguntarse: ¿cómo estar al acecho sin parecer regalada?, ¿cómo estar disponible sin parecer fácil?, ¿cómo estar listo para una relación sin parecer barato y corriente?

Primero, guarda el estrés en un cajón. Si buscas pareja con desesperación y urgencia, todos te huirán. Si una chica se muestra ansiosa y anda "cargando el vestido de novia en la cartera", los chicos se espantarán. Si un chico trata de llamar la atención con chistes grotescos, fanfarronería o actitudes de galán desesperado, será rechazado también.

SOLTEROS Y ¿SIN COMPROMISO?

Es tiempo de usar la sabiduría de Dios para conquistar a tu futuro esposo o esposa. Un hombre y una mujer temerosos de Dios tienen mucho atractivo; poseen una gracia especial que les hace brillar en cualquier ambiente social. Por eso, hay hombres guapos e inteligentes que se casan con mujeres no tan bonitas pero llenas de la gracia de Dios. Y también hay mujeres preciosas como modelos que se casan con hombres no tan agraciados físicamente, pero llenos de fe. Esto es porque el hombre y la mujer de Dios ven como Dios ve: no se quedan con lo que ven los ojos, sino que miran el corazón.

Muchos hombres y mujeres en edad de matrimonio (y aún después) están solteros porque dejaron que el miedo los inundara. Aunque anhelan casarse, inconscientemente le huyen al matrimonio. Tienen temor de fracasar, de no ser lo suficientemente buenos, de ser rechazados o de sufrir.

Por otro lado, están los que nada les gusta. Creen que nadie está a su altura, tienen estándares tan altos que ni ellos mismos podrían cumplirlos. En los primeros casos, la inseguridad los consume; en los segundos, el orgullo y la soberbia los alejan de su destino.

Desde luego, todos esos riesgos existen, pero así es la vida. Si no estás dispuesto a sufrir, entonces no estás capacitado para vivir. Todos tenemos una parte vulnerable que queremos proteger, pero eso es como comprarse un vestido nuevo y no usarlo por temor a que se manche. La vida hay que vivirla. A veces saldrás herido, a veces avergonzado, quizás, pero eso no debe detenerte.

Actualmente vivimos una epidemia de temor al matrimonio. Hay demasiados solteros y solteras. Observar este patrón dentro de la iglesia cristiana me motivó a escribir este capítulo. Al final, el temor es resultado de la falta de fe. Tanto hombres como mujeres deben buscar de forma decidida y proactiva a su pareja.

Hoy en día hay muchas compañías de "emparejamiento" que cobran por organizar citas con candidatos que tienen características e intereses similares. Ejecutivos exitosos, tanto hombres como mujeres, están acudiendo a estas agencias. No es que esté completamente de acuerdo con ese sistema, pero al menos están haciendo algo. Mientras tanto, la iglesia parece no estar haciendo lo suficiente.

Actitudes equivocadas respecto al matrimonio

Al observar a las parejas invitadas a una boda, puedes notar distintas expresiones: algunos tienen apariencia de ilusión, otros muestran preocupación. Los hombres casados dirán: "no saben en lo que se meten"; las mujeres soltarán unas lágrimas; las jovencitas suspirarán, y las no tan jóvenes tal vez sientan un cosquilleo de envidia encubierta.

SOLTEROS Y ¿SIN COMPROMISO?

La envidia es un distractor. Cuando ves a parejas caminando tomadas de la mano por el centro comercial, abrazadas en la playa o luciendo sus mejores galas en una boda, es cuando debes tener cuidado de no resbalar en la envidia. Son momentos riesgosos donde puede fallar la fe. El orgulloso dirá: "mejor estar solo, así soy libre de ir y venir como quiera. Además, cuántas parejas terminan odiándose después de años de matrimonio. No, gracias, estoy bien así". Pero esa actitud es una clara falta de fe y va en contra del propósito divino. Dios quiere matrimonios exitosos, parejas que sean compañeras de por vida. La sociedad está ocultando ese propósito y engaña a muchos jóvenes, convenciéndolos de que están bien así y que no necesitan una pareja. Eso, en el fondo, es conformismo y falta de valor para luchar y pagar el precio. Muchos jóvenes han hecho, sin darse cuenta, pactos internos:

- "El matrimonio es una basura. Mi hermana se casó y su esposo la dejó."
- "Nunca me voy a casar. No quiero vivir como mis padres, gritándose todo el tiempo."
- "¿Para qué? ¿Tener que cuidar una casa y una familia?"

Y muchos otros ejemplos más.

Existe otra actitud errónea hacia el matrimonio: la obsesión por encontrar pareja, el miedo a la soledad y al estigma de vivir solo. Esta postura también es peligrosa, ya que lleva a decisiones impulsivas: querer conseguir pareja por despecho, por demostrar algo, por compararse con los demás.

Este tipo de reacción ha llevado a muchas situaciones complicadas: madres solteras, jóvenes que se relacionan con hombres casados, salidas sin compromiso, relaciones sin propósito, solo para sentirse deseados. Se pierde el control emocional y se da rienda suelta a los placeres.

Si alguna vez te has identificado con alguna de estas actitudes, necesitas reenfocar tus perspectivas. Cristo ya pagó por tu vida. Es necesario que dejes de centrarte en tus vacíos y te enfoques en la plenitud que tienes en Él. Decido amar a alguien que esté disponible para ser amado. Mi decisión es consciente y guiada por la voluntad de Dios, la cual es buena, agradable y perfecta para mi vida.

Quieres tener amigos, debes mostrarte amigo

El proverbista nos enseña una verdad extraordinaria sobre la amistad: la actitud de mostrarse amigo. Tener amigos es una acción proactiva. Debo ser amistoso para conseguir amigos. Lo mismo ocurre en la relación de pareja: debo mostrarme dispuesto a ser la pareja de alguien.

Hay que levantar la señal: "Aquí estoy y soy una buena amiga", "aquí estoy y soy un buen candidato", "soy atractivo e interesante".

SOLTEROS Y ¿SIN COMPROMISO?

Si tú crees que eres un buen o una buena candidata para ser pareja de alguien, ya diste el primer paso. Las relaciones de pareja comienzan por uno mismo, teniendo la convicción de que eres una persona que tiene mucho que ofrecer en una futura unión matrimonial.

Esto no significa que vas por todos lados promocionándote como aspirante. Más bien, es una actitud del corazón, una seguridad interna que te dice: "Soy valioso, cualquiera quisiera estar a mi lado".

> *"El hombre que tiene amigos ha de mostrarse amigo;*
> *Y hay amigo más unido que un hermano."*
>
> *Proverbios 18:24*

Ser amigo es bíblico, y quien desea tener amigos debe ser amigable. Pero ser amigo en ambientes donde no te sientes bienvenido puede ser complicado, tal como le pasó a una chica del grupo de jóvenes de nuestra iglesia, Marisa (nombre ficticio).

Ella siempre estaba sola. Le gustaba llegar a la reunión, aislarse y sonreír al aire. Era muy linda, y con solo 17 años ya se había graduado de la secundaria con honores. Sin embargo, no lograba tener amigos con quienes compartir y divertirse. Participaba superficialmente en las actividades del grupo, y tan pronto podía, se retiraba.

Conversé con ella y descubrí que simplemente no sabía cómo ser amiga. Pensaba que todos la criticaban, sentía que las conversaciones de las otras chicas eran muy distintas a sus intereses, y por eso prefería no socializar, ya que le resultaba incómodo.

Es muy difícil para un joven sentirse parte de un grupo, especialmente si su personalidad no le ayuda y, además, tiene inseguridad sobre quién es.

La animé a tener más paciencia con los demás, a ser tolerante en los puntos donde no coincidía, y a intentar divertirse incluso con las diferencias. ¡Le fue genial! Ahora, algunos días la encuentro charlando y riéndose libremente con otras chicas, e incluso con chicos.

Para tener amigos, debes aceptar las diferencias de los demás. No todos tienen que pensar igual que tú. Un poco de paciencia y una pizca de tolerancia te permitirán ser más amistoso.

La persona que quiere pertenecer a un grupo, compartir tiempo y hacer cosas divertidas y espontáneas, debe MOSTRAR que está interesada. Los intereses y prioridades cambian con el tiempo. Identifica qué es lo que más te interesa en esta etapa de tu vida, porque eso también evoluciona.

¿Qué te gusta hoy? Tal vez jugar a los bolos. Cuéntaselo a alguien. Tal vez esa persona se lo comente a otra que también disfrute de eso. ¿Te gusta leer? Aunque parezca raro, hay muchas personas a las que también les gusta. ¿Te apasionan el deporte, la pintura, las caminatas, los deportes extremos, el mar, las montañas?

Sea lo que sea, ¡promociona tus intereses! Verás cómo encuentras amigos que se interesen por lo mismo, o que te conecten con otros que lo hacen.

Interésate por los demás; no esperes que solo se interesen en ti. Pon atención a los gustos de otros, y descubre cuántas cosas en común pueden tener.

Muéstrate amable, servicial, sencillo y pacífico para conquistar el corazón de muchos amigos.

Si los chicos no aprenden a ser buenos amigos durante la etapa de la amistad, difícilmente lo lograrán cuando estén casados. Asegúrate de que, al considerar a tus pretendientes, él o ella ya esté entre tus buenos amigos, o al menos que sea alguien con quien podrías construir una buena amistad.

La amistad es lo que mantiene a muchos matrimonios no solo firmes, sino también felices y divertidos. El "amor para siempre" va más allá del atractivo físico: tiene que ver con la belleza real.

Hoy en día, donde se da tanta importancia a la apariencia, muchos matrimonios se forman solo por atracción física. Pero la belleza exterior dura muy poco… y esos matrimonios también.

Leí en un póster:

"El amor no consiste en mirarse el uno al otro, sino en mirar ambos en la misma dirección."

Si logran descubrir cosas en común, si comparten intereses y una visión de vida, entonces estás frente a un gran prospecto de esposo o esposa.

Si ahora, que apenas se conocen, no puedes ser amigo de tu pareja, no hay garantía de que tu matrimonio sea duradero.

Todo comienza desde el interior. No puedes esperar disfrutar del amor solo cuando encuentres a tu enamorado. Debes aprender a disfrutar del amor desde tu privacidad: amor hacia ti mismo y hacia los demás.

Cuando eres capaz de amar —aun sin tener todavía a tu futuro esposo o esposa frente a ti—, entonces es tu mejor momento para enamorarte.

Ponte el rótulo de "disponible"

Ponte un rótulo que diga: "disponible, atractiva e interesante". No un rótulo de perseguidora e impaciente. No. De esas todos están huyendo. Pero la mujer que se da el permiso de mostrar lo bueno que tiene será una persona con mucho atractivo, porque es segura de sí misma.

Escuché del conocido motivador Yokoi Kenji que ser independiente, trabajador y emocionalmente sano te hace más atractivo:

"Un joven que trabaja es atractivo. Una joven con propósito de vida y dirección es una persona que tiene fuente propia."

Yokoi Kenji

Una persona con fuente propia brilla en todo lugar, luce radiante y en paz. Camina llevando un "rótulo" brillante en el rostro, que refleje un atractivo desbordado de felicidad.

Con libertad de mostrarse tal como es, anuncia: "Soy feliz y tengo mucho para dar". Eso es mostrarse disponible.

¿Quieres buenos consejos? Pon atención a lo siguiente:

HAZTE UN HOMBRE ATRACTIVO.

Para ser atractivo, cuida tres cosas:

- Tus modales
- Tu forma de hablar
- Tu higiene y tu vestuario

CONVIÉRTETE EN UNA MUJER ATRACTIVA.

Para ser atractiva, cuida cuatro cosas:

- Tu sonrisa
- Tus palabras
- Tu actitud
- Tu arreglo personal

SÉ AMIGO Y BUSCA AMIGOS.

Asiste a eventos donde haya personas de tu misma edad y con condiciones similares: sociales, espirituales y físicas.

No hay nada más repelente que un hombre o una mujer que habla de más, que dice incoherencias solo por llamar la atención.

También es poco atractivo el hombre tosco, sin modales, o la mujer que ríe a carcajadas desordenadas y fuera de lugar.

Tampoco resulta atractivo el hombre que no se baña, no se corta el cabello ni la barba, camina descuidado y se viste sin sentido común.

De igual forma, difícilmente llamará la atención una mujer que no cuida su cabello, ni se preocupa porque la ropa le quede bien, la favorezca y la haga lucir más esbelta y juvenil.

El chico o la chica que no se cuidan a sí mismos desperdician la gracia y el favor que Dios les ha dado. Lo que hay en tu interior se refleja en el exterior. Si estás feliz por dentro, te vestirás con alegría. Si eres seguro de ti mismo, caminarás con la presencia de todo un caballero.

Siempre hemos escuchado que lo más importante es el interior de una persona, y eso es totalmente correcto. Ser íntegros, tener un carácter dinámico, ser bondadosos, amables y cariñosos es fundamental... pero no lo es todo.

Así como cuidamos la belleza interior, también es necesario cuidar la belleza exterior.

Recuerda que a los hombres el amor les entra por los ojos y a las mujeres por el oído.

Tres claves para tener éxito en la búsqueda

Primero: Sé específico.

Lo que piensas es lo que vas a obtener. Construye la imagen de la pareja que deseas. Si a ti te gusta salir al campo y hacer picnic, imagina a alguien que disfrute estar al aire libre, que le guste caminar por los senderos y hacer deporte. Si te gusta la música y anhelas a alguien que también la aprecie, imagínala con una conexión especial con la música. Si tú eres muy trabajadora y quisieras a alguien igual de trabajador, inclúyelo en tu lista de deseos. Cuando la persona con esas características aparezca en tu camino, sabrás reconocerla.

Pero si esa persona aún no existe en tu imaginación, será más difícil que aparezca en la vida real. Más adelante podrás aceptar que no tenga todas las cualidades de tu lista, pero sí las más importantes. Las que falten, quizás puedas motivarlas para que las desarrolle, o simplemente aceptar que puedes vivir sin ellas.

Por supuesto, hay características que no son negociables: el temor de Dios, el amor por la familia y los valores morales. Buscar y servir a Dios no debería faltar en ningún candidato.

Segundo: Ámate y respétate a ti mismo.

No estás listo para valorar los talentos y cualidades de otras personas si aún no te aprecias y valoras a ti mismo. Si constantemente te menosprecias, o llevas las heridas de haber sido un niño o niña subestimado, te será difícil reconocer y valorar las cualidades en otros. Todo el mundo te parecerá tonto o defectuoso.

Las personas que no se aprecian a sí mismas tienden a tratar a los demás como si no valieran nada. Y esas personas no están listas para una relación. Es un principio de la psicología: mientras más te valoras, más valoras a los demás.

Deberás trabajar en tu autoestima antes de lanzarte a la búsqueda. Una autoestima sana permite relaciones sanas. Busca activamente lo valioso que hay en ti. Tal vez eres un buen deportista, eres hábil con los números o te gusta escribir poemas. Encuentra lo que haces bien. No te detengas demasiado en tus defectos; como cualquier persona normal, seguramente tienes uno que otro. Acepta lo que eres y aprende a respetarte. Reconoce tus debilidades y descansa en Dios. Sé generoso contigo mismo. Al centrar tu vida en Dios, deja que Él haga la obra en ti, que te perdone, y que puedas perdonarte a ti mismo por múltiples errores.

Eres una obra en proceso. Poco a poco, Dios te irá transformando a Su imagen.

Tercero: Da lo mejor de ti sin esperar nada a cambio.

No hay nada más saludable al inicio de una relación que descubrir que no hay intereses mezquinos ni egoístas de ninguna de las partes. Dar lo mejor de ti permite que la relación sea franca y transparente.

No imites ni inventes. No atosigues queriendo quedar bien con alguien. Lo único que lograrás con tanta falsedad es espantar a tu posible pareja.

Vamos, tienes cosas buenas que brotan de forma natural. Debes ser espontáneo. Pero sí, afirmo que dar es la clave. Antes de esperar recibir, tú debes estar dispuesto a dar.

Si sabes que a tu amigo o amiga le encantan las flores, corta una del jardín y llévasela. No tiene que ser la flor más hermosa; dile que, al pasar por el jardín, la viste y pensaste en él o en ella. ¿Por qué no? Las mujeres también pueden regalar flores.

¿O eres de los anticuados que creen que solo los hombres regalan rosas y las mujeres cocinan *cheesecake*? ¿Por qué no, un día, tú (varón) horneas un rico pastel y lo llevas para compartir con tu amiga? No imaginas el impacto que eso puede tener en una posible pareja.

Ya sea que estés asechando o seas la presa, en cualquier rol en el que estés, recuerda: da. Da lo mejor de ti sin esperar nada a cambio.

Si después de tu actitud desinteresada —hoy chocolates, mañana rosas— no hay una respuesta positiva, no insistas. Hacerse el difícil o mostrarse indiferente muchas veces funciona muy bien. Pero no te ofendas: las mujeres, muchas veces, dan una flor y esperan un beso; los hombres dan un chocolate y esperan un sí.

Difícilmente habrá una relación saludable y duradera si quien da está esperando recibir algo.

Debes asegurarte de que en tu corazón haya libertad para dar, sabiendo que quizás no recibirás el beso... ni el sí. Si eso no te afana, entonces estás en muy buena salud emocional para poder ser amigo, y también para buscar una posible esposa... sin imprudencia.

Buscando al o la idónea

La palabra idóneo o idónea se deriva de dos palabras hebreas: Ezer, que significa "ayuda" o "auxilio", y Koakj, que significa "firmeza", "vigor" y "potencia". La expresión completa describe a un hombre o una mujer que no solo es un auxilio en tiempo de necesidad, sino también una fuente de fortaleza, alguien que sostiene y detiene al otro de caer.

Tú necesitas un compañero que sea tu apoyo y refugio, pero también alguien que, con amor, te confronte y te detenga cuando vas en dirección equivocada. La expresión de Génesis 2:18: "le haré ayuda idónea" se refiere a una compañera (o compañero) que encaja perfectamente con las necesidades del otro. Es alguien que complementa, que está hecho a la medida: un *perfect fit*.

Entonces, ¿cómo encontrar a ese o esa que fue hecha a tu medida? La única manera es conociéndote a ti mismo primero. Dios ha puesto en ti características únicas; tu ADN es irrepetible. Dios ya ha creado a tu ayuda idónea. Tu tarea es descubrirla.

Conócete. Hazte preguntas, examínate a fondo y determina cuál es el equilibrio que necesitas: la clase de ayuda y también el tipo de freno que te permitirán cumplir tu propósito.

Si eres un poco tímido, quizás necesitas una compañera más extrovertida, que te impulse en las relaciones familiares y sociales. Si eres algo parlanchina, quizás necesites a alguien que sepa escucharte con paciencia, y que, con cariño, te sugiera hacer una pausa.

¿Cómo eres? ¿Cuáles son tus fortalezas y debilidades? ¿Cómo te ves dentro de algunos años? ¿Qué tipo de persona necesitas a tu lado para llegar allí? Examínate con honestidad, y quita las impurezas de tu carácter para que puedas ver el gran potencial que llevas dentro. Y para sacarlo a la luz, esa ayuda idónea será una herramienta valiosa.

Déjate moldear. Dios hará de ti una gran obra maestra... y tal vez, para lograrlo, usará precisamente a esa ayuda idónea.

> *"Quita las escorias de la plata*
> *y saldrá alhaja al fundidor"*
>
> *Proverbios 25:4*

Cuando busques a la persona idónea recuerda que, independientemente de tu personalidad y tu singularidad, hay características en esa persona que no serán negociables. Dios no se contradice. Él dice: "le haré ayuda idónea". ¿Quién la hace? Dios. Si es un diseño de Dios, tendrá las características de Él.

Por lo tanto, busca un hombre o una mujer que tema a Dios, que ame la sabiduría y sea un adorador. No tiene que ser rico; si es sabio, sabrá trabajar, proveer para su familia y, con diligencia y esfuerzo, ambos podrán producir riquezas.

Pero si te estás fijando en cuánto tiene y cómo va a mantenerte, lo más seguro es que estás buscando las características equivocadas, y por lo tanto, se pronostica un camino a la ruina.

Busca lo que Dios buscaría: un corazón temeroso de Dios, que sin duda también tendrá la gracia y el favor divino.

Mientras más deposites tu confianza en Dios, más certeza tendrás al descubrir a la mujer idónea que Él tiene para ti, o al reconocer que es ese hombre que Dios ha reservado para ti.

> *"Bendito el varón que confía en Jehová, y cuya confianza es el Jehová"*
>
> *Jeremías 17:7*

Descubre el autosabotaje

Los chicos de este siglo son menos ilusos y más realistas; menos inocentes y, a veces, más crueles. La tecnología y las redes sociales los han expuesto a una "vida real", saturada de historias de fracasos. El matrimonio ha perdido su encanto y, en lugar de esperanza, ahora produce temor.

Muchos jóvenes se encierran en sí mismos y echan llave. No ven ganancia en el matrimonio y prefieren vivir cómodos y protegidos, que desilusionados y heridos.

Es necesario, entonces, exponer los efectos que los fracasos ajenos han provocado en nuestras generaciones, quienes hoy retrasan el matrimonio o le huyen por completo.

Hace algunos años, me invitaron a dar una conferencia a jóvenes adultos. Me pidieron desarrollar un tema llamado: "Cerrado con Tres Candados". Al principio no tenía la más mínima idea de lo que este tema podría significar.

Me costó entender qué esperaban de mí, hasta que finalmente me explicaron que se refería a tener un corazón cerrado, muy cerrado, para una relación de pareja. Dios me guio a entender lo que ocurre detrás de una puerta cerrada, con doble llave... o, como dijeron estos chicos, con tres candados. Pensando en lo que pasa tras una puerta cerrada, tras bambalinas, podemos aprender algo de la vida "*behind the scenes*": la vida privada es la que realmente determina quiénes somos delante de Dios.

En cuanto a establecer una relación matrimonial, hay tres decisiones internas, tres candados que impiden que una persona sea libre para alcanzar su propósito en pareja:

- No me quiero casar - candado # 1
- No voy a buscar mi pareja - candado # 2
- No estoy disponible - candado - # 3

Estas son declaraciones secuenciales, hechas en lo más recóndito del corazón. Muchos no las notan ni las reconocen, porque ocurren en las puertas cerradas del alma. Una declaración lleva a la siguiente:

si en el interior hay la convicción de "no me quiero casar", entonces no estoy buscando; y, por lo tanto, el mensaje hacia afuera siempre será: "no estoy disponible".

Las palabras que una persona se dice a sí misma determinan lo que está dispuesta a recibir en la vida. Son predeterminaciones internas que afectan la parte emocional, pero también son ataduras espirituales o pactos interiores que influyen en la vida espiritual.

La Biblia habla de ataduras espirituales que debemos identificar y romper. Para salir de un pacto interno o una atadura verbal, hay tres momentos clave:

1. **El Rompimiento**

Consiste en pedir perdón a Dios y permitir que Él transforme tus pensamientos.

> *"De los pecados de mi juventud, y de mis rebeliones, no te acuerdes; Conforme a tu misericordia acuérdate de mí, Por tu bondad, oh Jehová."*
>
> Salmos 25:7

2. **La Preparación**

La reina Ester pasó doce meses preparándose para encontrarse con el rey. Durante ese tiempo fue purificada y perfumada.

Así también tú necesitas ser purificado por la Palabra de Dios, dejar que sus pensamientos de bien —y no de mal— llenen tu mente, y desarrollar la convicción de que Dios tiene algo hermoso para ti en una relación.

Si es su plan darte un esposo o esposa, entonces ¿por qué cerrarte a la idea?

3. **La Espera**

Después de la preparación, Ester esperó el momento oportuno para ser llamada a la presencia del rey.

Es en ese tiempo donde realmente se desarrolla la fe. Si ya fuiste preparado o preparada, y estás en la espera, confía en que Dios obrará. Llénate de alegría, porque en un "de repente" de Dios, allí estará frente a ti el llamado a tu próxima estación en la vida.

> *"Y cuando llegaba el tiempo de cada una de las doncellas para venir al rey Asuero, después de haber estado doce meses conforme a la ley acerca de las mujeres... entonces la doncella venía así al rey. Todo lo que ella pedía se le daba, para venir ataviada con ello desde la casa de las mujeres hasta la casa del rey."*
>
> *Ester 2:12–13*

> *"Cuando le llegó a Ester, hija de Abihail... el tiempo de venir al rey, ninguna cosa procuró sino lo que dijo Hegai, eunuco del rey... y ganaba Ester el favor de todos los que la veían."*
>
> *Ester 2:15*

No dejes que tu boca te haga pecar. Si Dios tiene un propósito para ti, no hay razón para apresurarte ni para declarar palabras que Él no te ha dicho. Si no te quieres casar por temor o inseguridad, ese es un asunto de fe. Es probable que hayas hecho pactos internos, formados por tu condición humana debilitada.

Mientras más experiencias difíciles hayas vivido en la niñez o juventud, más razones tendrás para hacer declaraciones contrarias a la voluntad de Dios.

Si ese es tu caso, identifícalas y deshazte de ellas tan pronto como las reconozcas. El plan de Dios es llenar la tierra de familias que lo amen, le den gloria y vivan conforme a su voluntad.

UNA PALABRA PARA LOS HERIDOS

Chicos o chicas que fueron abusados, abandonados, maltratados o víctimas de abuso sexual, muchas veces se cierran a la posibilidad de relaciones futuras. Debido al pecado y al dolor que este causó, no creen que Dios pueda hacer algo nuevo. Crecen con tristeza y un corazón herido. Sin amor, se vuelven rebeldes, con sentimientos de venganza... y sin interés en establecer una relación permanente en matrimonio. Pero Dios puede sanar todo eso. Él no ha terminado contigo.

Las diferencias entre hombres y mujeres

La mayoría de las veces, los hombres no saben lo que las mujeres piensan, y les cuesta trabajo saber lo que ellas quieren. El asunto se agrava al ver el dilema en el cual las mujeres quieren que los hombres les adivinen lo que están pensando y sepan, sin que ellas lo digan, lo que desean. Mientras tanto, los hombres tienen curiosidad por saber qué piensan y qué quieren las mujeres. Les inquieta conocer lo que la mujer está pensando. Es un círculo de comunicación codificada, difícil de descifrar. Como lo dice el famoso autor John Gray en su libro Los hombres son de Marte y las mujeres de Venus, las diferencias en los sistemas de comunicación entre unos y otros son planetarias.

Cada uno tiene filtros distintos. Las chicas, quienes son más hábiles para las relaciones, interpretan la vida desde los puntos de vista relacional y social.

Por ejemplo, si una chica tiene que hacer una visita a su futura suegra, procurará llevarle algunas galletas, lo cual quizás implique detenerse en el camino para comprarlas. Esto podría molestar al chico, cuyo único objetivo es llegar a tiempo para la cena con sus padres, sobre todo si sabe que ellos son muy puntuales, aunque no lleven nada más que a sí mismos.

APRENDAMOS...

Hace varias décadas atrás aprendí sobre lo que buscan los hombres de las mujeres y las mujeres de los hombres, y me parece que era tan cierto ahora como entonces.

Las mujeres buscan seguridad y protección

Sienten que un hombre con sentido del humor es encantador, tiene habilidades para el éxito y eso les representa seguridad.

Los hombres buscan juventud y salud

Sienten que una mujer con actitud saludable en gestos más que en atracción física, representan una reproducción saludable y una vida de mejor calidad. En contra posición con mujeres quejumbrosas y achacosas.

Cuando estas diferencias se vuelven complemento, se crea una unidad. Hace a la pareja más parecida que distinta. El enamoramiento hace que la pareja se parezca cada día un poco más.

Desde sus propias perspectivas, cada uno está en lo correcto. En la amistad y el noviazgo, este asunto diferencial es más fácilmente manejable, porque ambos están en el proceso de cortejo y de quedar bien el uno con el otro.

Pero en el matrimonio, ya no será así. Estas pequeñas diferencias y enfoques personales marcarán una división importante que muy posiblemente terminará en discusiones y peleas.

Desde temprano, es necesario conocer la diferencia entre los enfoques de hombres y mujeres, lo que hará más sencillo descifrar qué está pasando y cómo poder abordar el asunto. Identificar estas diferencias te ayudará mientras estás en la conquista; podrás reconocer las razones detrás de muchas discrepancias e intentar manejarlas.

Lo que buscan las mujeres:

Seguridad. Por eso les gusta estar con hombres que mantienen buen humor, que son encantadores y amables, porque es una habilidad asociada al éxito. La mujer necesita sentir que está al lado de un hombre exitoso o con el ADN para el éxito. Ella sabe que un chico con buen humor tendrá muchas probabilidades de triunfar en la vida, y eso le da seguridad.

La mujer necesita sentir que el hombre que la acompaña no se va a poner violento ni la va a exponer a ella —ni a sí mismo— con gritos e ira. Eso no es señal de hombría, sino de debilidad e inseguridad. Un hombre firme, fuerte y estable en su temperamento es sumamente atractivo.

Lo que buscan los hombres:

Juventud y salud. Por eso les gusta estar con mujeres que son sanas en su forma de sentir, que tienen una actitud positiva ante la vida. Una mujer quejumbrosa o con amargura resulta poco atractiva para los varones.

Al hombre, en su inconsciente, le atrae la juventud que refleja una mujer, sin importar su edad. Una mujer con una actitud jovial, conversación amena e interesante, y un estilo de vestir alegre y moderno es muy atractiva, incluso más allá de lo físico. Lo que importa no es cuán linda sea físicamente, sino cuán linda refleja ser.

Una mujer alegre, con actitud de fortaleza y salud, comunica un futuro prometedor. Es una mujer con la que el varón querrá convivir por largo tiempo, reproducirse y envejecer.

Por eso, las mujeres deben mantenerse lindas y llenas de fe. Recuerda que el espíritu alegre hermosea el rostro. Vive de forma original y genuina, sin intentar aparentar lo que no eres solo para mostrar lo que crees que los hombres buscan.

Los hombres deben disfrutar sus logros, ser transparentes y mantenerse seductores por naturaleza. Ambos, hombres y mujeres, deben enfrentar una relación con el sexo opuesto con fortaleza y seguridad.

Tanto hombres como mujeres quedarán enamorados y listos para hacer un compromiso cuando descubren a una persona verdadera, sin intereses mezquinos ni apariencias de tener todo a su favor.

Una recomendación inteligente para las chicas:

Si consideras que el tiempo está pasando y aún no encuentras a la persona indicada, NO TE ESCONDAS. Muestra tus mejores dones: sé amiga, sé proactiva, sé conquistadora. Un hombre quedará impresionado por mujeres felices y seguras de sí mismas. Asegúrate de ser una de ellas. Tu seguridad en Cristo te hará una mujer muy atractiva.

Una mujer de fe es también una mujer inteligente, que se muestra de manera transparente y genuina. Como mujer llena de gracia, será prudente, pero también mantendrá una actitud conquistadora, hasta ver la bondad de Dios.

Ser una mujer seductora no es lo mismo que ser una mujer sensual y provocativa. Que no te impresionen las mujeres resbalosas que están desesperadas por encontrar un hombre. Eso es barato y sucio. Desde luego, eso no es lo que estamos diciendo. Lo que afirmamos es que la fe también se manifiesta en acción; que ser correctamente conquistadora y honorablemente cautivadora es justamente lo que muchas están necesitando desarrollar.

Para esto, necesitas conocer lo que los hombres reprueban y rechazan. Cuídate, urgentemente, de no ser una de estas:

1. Las superficiales: se ocupan demasiado de su apariencia física.
2. Las celosas: no paran de preguntar dónde estuviste ayer.
3. Las lloronas: lloran por todo y se asustan por nada.

4. Las desesperadas por casarse: andan con el vestido de novia en la cartera.
5. Las enojonas y problemáticas: todo les causa enfado.
6. Las interesadas: quieren saber qué carro manejas.
7. Las infieles.
8. Las asfixiantes.
9. Las dominantes y controladoras.
10. Las presumidas: creen que lo saben todo.

ANDA ATREVIDAMENTE Y MUESTRA QUE ESTÁS DISPONIBLE

Ser atrevido te ayudará; solo cuida que lo haces conforme a la voluntad de Dios. Estoy convencida de que a Dios le gusta que tú te atrevas a tener relaciones amistosas. Solo asegúrate de que te atreves con honor y gracia. Cómo tratas a las personas y cómo cuidas tu arreglo personal son dos de las actitudes que debes cultivar y atreverte a explotar.

Atrévete a hacer que alguien se sienta importante. Observa y da un trato preferencial a algunas personas. Todos queremos sentirnos importantes; todos queremos ser VIP. Las personas necesitan una atención individualizada. Motívate a ti mismo, y esa motivación interna te preparará para dar lo mejor de ti. Muéstrate; que se vea que tienes grandes cualidades de galán, o de dama muy refinada, pero muy dispuesta. Sé muy amable, pero valiente y atrevida; sé muy cortés, pero inquebrantable y seguro.

Atrévete a comprarte ropa nueva, siéntete bien con esa ropa, que parezca muy visiblemente el rótulo que dice: "Disponible, aunque no fácil. Disponible, pero no desesperada".

Recuerda que la fe es la certeza de lo que se espera. Esperas con certeza que tu cónyuge va a llegar en su momento, y tú vas a estar despierto cuando eso pase. Cuídate y cultívate a ti mismo. Sabe qué usar y dónde usarlo. En la playa no se necesitan zapatos, pero si vas a caminar por las aceras de la ciudad y no llevas zapatos, te quemarás los pies. Aprende a vestirte atrevidamente, con gracia y sencillez. Desarrolla una fe dinámica para creer por lo que Dios ya te prometió.

Leí alguna vez una expresión curiosa sobre la vida: que no tomar riesgos es dejar de disfrutar lo hermoso que tiene la vida para cada persona.

- Reírse es arriesgarse a parecer tonto.
- Llorar es arriesgarse a parecer sentimental.
- Extender la mano a otra persona es arriesgarse a involucrarse.
- Exponer sentimientos es arriesgarse a mostrar su verdadero yo.
- Amar es arriesgarse a no ser correspondido.
- Tener esperanza es arriesgarse a desesperarse.
- Intentar es arriesgarse a fracasar.
- Vivir es arriesgarse a morir.

SOLTEROS Y ¿SIN COMPROMISO?

Yo agregaría… arriésgate de todos modos. Porque de eso se trata vivir. Nadie puede vivir con todas las circunstancias bajo control.

Interesantemente, cuanta más edad tiene un joven soltero, menos se quiere arriesgar a tener una relación. Se vuelven cautelosos, observadores, prevenidos, cuidadosos y temerosos.

En otras palabras, han perdido su habilidad para relacionarse sanamente; siempre están desconfiando de sus potenciales parejas. Prefieren la comodidad de estar solos antes que aprender a amar las debilidades de otros y exponerse a que otros vean sus propias imperfecciones.

Piensan más en incrementar las cualidades en la lista del "hombre o mujer ideal", con la expectativa de encontrar a la persona perfecta; sin embargo, ellos mismos no podrían cumplir con esas expectativas.

Creen que alguien se les acerca porque tiene algún interés en sus bienes, en su posición o en cualquier cosa que creen poseer y que otros puedan desear. Siempre habrá quienes quieran tomar ventaja de una relación, pero recuerda que mientras pongas tu confianza en Dios, Él te guardará. Tú ocúpate de poner lo mejor de ti y de hacer el bien sin desmayar.

Recuerda que una mujer o un hombre de Dios no se rinde.

Como leí en un conocido dicho:

"Un hombre no está acabado cuando lo derrotan, está acabado cuando se rinde."

Siempre habrá riesgos que correr, pero ocúpate de hacer el bien, porque en el tiempo de Dios vendrá la cosecha.

Guardarse fiel a Dios, puestos los ojos en Él

La mejor estrategia mientras estás en la búsqueda y en actitud de conquista es enfocarte en Dios. Si tus ojos están puestos en Jesús, Él te librará de caer en la red. Dios no te dejará ser avergonzado; mientras más confías en Dios, más guardado estarás de cometer errores. No se trata de que tú andes vigilando dónde pones tus pies, caminando con tanta cautela, temeroso y apocado; Dios es quien guardará tu pie para que no caigas en la red. Por eso no deben sorprenderse si hay parejas que están de novios mucho tiempo y luego se separan; quizá es Dios guardándoles de equivocarse.

Mientras más confías en Dios, más certeza tendrás en tus acciones. Dios te guiará en la búsqueda, guardará tu alma del mal, y tendrás la certeza de que no quedarás avergonzado. Arriésgate, anda activamente en la búsqueda, pero puestos los ojos en Jesús, sin distraerte.

> *"Guarda mi alma, y líbrame;*
> *No sea yo avergonzado, porque en ti confié."*.
>
> *Salmo 25:20*

Capítulo 6

DELEITARSE CON EL SEÑOR, ES EL SECRETO

Desde muy niña me gustaba estar en la iglesia, participar en todas las actividades que se organizaban, era mi recreación. En alguna de las muchas enseñanzas que recibí allí en la iglesia, aprendí que el futuro le pertenece a Dios, y que el esposo lo debía buscar en la presencia de Dios. Alrededor de los 10 años, determiné que si a Dios le parecía buena idea, me daría un esposo, y uno bueno; desde entonces nunca me afané por la vida matrimonial. Todos mis sueños eran alcanzar metas académicas, servir al Señor, viajar, tener una vida productiva y disfrutar. Ocuparme en cosas que sabía le agradarían a Dios; ser de Su complacencia era mi mayor anhelo.

Debo admitir que no fue fácil, pues algunas veces llegaban distractores en forma de pretendientes. Aunque yo no me consideraba una chica muy bonita, no cabe duda de que la gracia de Dios en mí me permitía siempre estar rodeada de muchos amigos, y cuando digo muchos, eran muchos. Tenía amigos en el vecindario, en el colegio, en la iglesia, en la universidad, en el hospital y hasta en el mercado.

Al inicio de mis prácticas en el hospital, los jefes de los estudiantes externos eran los residentes, y ellos dirigían los servicios y las áreas de emergencia durante los turnos; muchos de los residentes eran mis amigos.

Pero hubo uno que dejó un recuerdo que Dios trajo a mi memoria al escribir este capítulo. Para mí, era el más guapo y amable de todos los residentes de ese año, y nos hicimos amigos. Iba a buscarme al servicio donde estaba asignada, algunas veces esperaba a que terminara mi práctica y caminaba conmigo hasta el bus.

Conversábamos de todo, y mucho hablábamos del futuro. Al final de la tarde me llamaba por teléfono, cuando los teléfonos eran escasos, y conversábamos de todo. Nos reíamos mucho y acepto que nos caíamos muy bien.

Una tarde, antes de terminar las tareas en el servicio de cirugía de hombres, yo estaba terminando la curación de un paciente que tenía múltiples lesiones por quemaduras; estaba vendado casi el 80 % de su cuerpo, incluyendo su cara, lo cual no le permitía hablar de otra manera más que con sus ojos.

Mientras preparaba el material para hacer la curación, la cual debíamos dejar hecha todos los días al final del día, entró el doctor residente, mi amigo.

Llegó decidido y firme, empezó a hablar allí mismo dentro de la sala con el paciente, tenía una propuesta y no estaba dándole vueltas al asunto; dijo: "Tengo una propuesta y quiero que decidas ahora mismo".

Tuve que salir al corredor del servicio para escuchar con atención lo que seguía a continuación, pues me tomó por sorpresa: "Quiero pedirte que formalicemos nuestra relación, pero para eso tienes que dejar de asistir a la iglesia. Debes dejar de pensar en Dios y todas esas cosas espirituales que me hablas todo el tiempo", me dijo.

Fue un momento totalmente inoportuno e incómodo. Después de tener muchas conversaciones amigables donde hablamos de la vida, de Dios y del futuro, repentinamente este doctor me estaba haciendo una propuesta totalmente contraria a mis convicciones. La determinación que yo había tomado hacía 13 o 14 años atrás me mantuvo en pie; no me tembló la mano ni la voz, no tuve que pensarlo dos veces para decir: "Gracias por participar, será en otra oportunidad". Bueno, no fue eso lo que dije. Pero sí dije con palabras tiernas y amables: "Dios en mi vida es todo lo que tengo y todo lo que soy. Si hay algo que le parece atractivo de mí, es justamente porque Dios está en mí. Lo que Dios ha hecho en mi vida es el resultado de lo que usted ve en mí hoy. Así que lo que está pidiéndome es imposible que suceda."

Lo comprendió bien, no dijo más, se despidió con simpatía, y yo entré de vuelta a la sala con el paciente de los ojos que hablaban, hecha un mar de llanto. Lloraba desconsolada, y mientras lloraba seguía trabajando en la curación; el pobre paciente sufría conmigo, había presenciado todo el drama: el residente jefe haciendo una propuesta, la estudiante novata pero con convicciones rechazándolo con determinación, y luego no paraba de llorar. Le expliqué muy poquito, pero le dije que no se preocupara, que yo estaría bien. Él me sonrió con sus ojos y me dio su aplauso.

Así fue, estuve bien, pasé la prueba, escogí a Dios antes que un prospecto de esposo.

La determinación que había hecho en frío y a temprana edad fue la que me guardó de sucumbir ante el atractivo del momento y las circunstancias. Tal como lo describió el apóstol Pablo en Colosenses 3:1:

> *"Dios les dio nueva vida, pues los resucitó juntamente con Cristo. Por eso, dediquen toda su vida a hacer lo que a Dios le agrada."*
>
> *Colosenses 3:1 (versión NTL)*

Dedicar la vida a hacer lo que a Dios agrada es la clave del futuro. Pude palpar el agrado de Dios en este evento de mi vida.

Estoy segura de que, como recompensa, me permitió pocas semanas después hacer un viaje a Nueva York, y solo unos meses después conocí a mi esposo, curiosamente en el mismo hospital y en el mismo servicio de cirugía.

Dios tiene un plan, tiene una estrategia, tiene una jugada que no alcanzas a ver desde la posición en que te encuentras. Solo necesitas descansar en Dios, deleitarte en obedecerle y confiar en que Dios está en control y cuidando de ti.

Cuando aprendemos a deleitarnos en Dios, ya ni siquiera tenemos que pedir; Él conoce todo lo que necesitamos. Cada día que vivimos debe tener el fin de agradar a Dios, vivir para complacerle, ser el gozo de Su corazón. Dios nos dio nueva vida, por lo que dedicamos nuestra vida a agradarle a Él en todo, incluyendo nuestras relaciones de pareja.

Cuando tu prioridad es deleitarte en Dios, te colocas en una posición de ventaja, porque mientras tú te deleitas en Dios, Él se ocupa de los deseos de tu corazón. Entonces, el cumplimiento de Su propósito en tu vida será una realidad.

Deléitate en Dios

El salmista David declaraba con intensidad y convicción:

> *"Deléitate asimismo en Jehová, y él concederá las peticiones de tu corazón"*
>
> **Salmos 37:4**

David era experto en las cosas del corazón, y sobre todo cuando se trataba de amar a Dios y tener un corazón conforme al corazón de Dios. Fue elegido rey por Dios mismo, y la característica de tener la aprobación de Dios fue exactamente tener un corazón conforme al corazón de Dios.

Así es como el experto en agradar el corazón de Dios nos dice con propiedad y autoridad que la clave es deleitarse en Dios. Asegurarse de que el contentamiento y el gozo más grande que puedas experimentar sea el agradar a Dios.

Ninguna cosa, ninguna persona y ningún placer puede llenar tu corazón más que el agradar a Dios. Deleitarse en Dios y en hacer Su voluntad trae como resultado una vida plena y llena de realización.

El deleite es un estado de bienestar que brinda sensaciones extraordinarias de paz, reposo y plenitud. El deleite tiene implícita una satisfacción del alma, el cuerpo y el espíritu; no falta nada, todo está bien.

Cuando te ejercitas en deleitarte en Dios, vives sin temor al futuro, desarrollas un nivel superior de confianza y fe. Puedes vivir con la certeza de que Dios tiene cuidado de ti, y te produce una paz que dura toda la vida, independientemente de los tiempos que estás pasando o las dificultades que estés viviendo.

Tener un tiempo de deleite con Dios puede cambiar tu historia. Más tiempo con Dios a diario producirá más cambios constantes para tu vida. Es como crecer: no lo notas, pero cada día estás más alto. No lo notas, pero cada día estás más maduro. No lo notas, pero cada día tienes más fe y confianza en Dios.

Lo mismo cuando descansas en Él: no lo notas, pero tiene un impacto extraordinario en tu vida.

Deleitarte en Dios y tener la convicción de que eres de Su agrado es maravilloso. Ser de Su complacencia es lo mejor que te puede pasar. Saber que estás cumpliendo el propósito por el cual fuiste creado te da sentido y te habilita para vivir una vida plena y gratificante.

> *"Deléitate asimismo en Jehová,*
> *Y él te concederá las peticiones de tu corazón.*
> *Encomienda a Jehová tu camino, Y confía en él; y él hará."*
>
> *Salmos 37:4-5*

VIVIR POR FE

La fe que agrada a Dios. Es claro para todo cristiano que para agradar a Dios necesitamos tener fe.

> *"Pero sin fe es imposible agradar a Dios, porque es necesario que el que se acerca a Dios crea que le hay."*
>
> *Hebreos 11:6*

La forma de agradar a Dios se resume en dos simples letras: F E. Solo el que cree en Dios y en su propósito eterno es capaz de agradar a Dios.

No hay otra manera de acercarse a Dios; no podemos usar simuladores ni buscar mediadores o intérpretes. Es necesario ir a Dios en persona. Dios no nos va a conocer por lo que un intermediario hable de nosotros; tampoco nosotros le conoceremos a Él por lo que otros nos cuentan. Es necesario conocerlo persona a persona.

SOLTEROS Y ¿SIN COMPROMISO?

Los intermediarios pueden hacer referencia de nosotros a Dios, o a la inversa, pueden hacer referencia de Dios a nosotros, pero el nivel de complacencia del que hemos hablado, disfrutar de Su compañía a otro nivel, solo sucede en una relación de uno a uno. Dios quiere que le conozcamos en persona.

Por eso, las personas que se acercan a Dios deben hacerlo en fe. Necesitamos saber y creer que Dios está buscando un tiempo con nosotros, que Dios está anhelando que pasemos tiempos de intimidad, tiempos de relación personal. Esa es la fe que agrada a Dios.

He conocido muchas personas que dicen tener fe en Dios, pero lo que observo es la fe popular. Todos tenemos fe en algo: fe en que el pago de salario llegará al final de cada mes, fe en que la esposa tendrá lista la cena al llegar a casa, fe en que el bus de las cuatro en punto pasará a recogernos sin falta, fe en que el médico encontrará la medicina correcta para nuestra pierna irritada, fe en la vida en general. Así, muchos crecieron creyendo que la fe en Dios es saber que existe y que les hace bien a todos en el mundo; fe en que si entro a una iglesia y hago actos de reverencia, cumpliré con lo básico para tener de Él una identidad.

Eso me consterna mucho, ya que viven una fe pasmada y aburrida, debido a que creen que su vida no tiene mayor interés para Dios que el que la religión les ha impuesto: cumplir con las tradiciones, cumplir con los actos protocolarios de un credo.

La fe que agrada a Dios es la que descubre que Dios está presente y no está callado, que Dios está presente e interesado más que nunca en su vida; una vida de relación y una vida de amores. La vida con Dios es una vida de pasión; no queremos amarlo por lo que Dios nos da, queremos amarlo por lo que Él es para nosotros.

Encontrar a tu esposo o esposa requiere fe. Fe que te permita ir más allá de lo convencional; fe que hace moverse a otro país, empezar un ministerio o una empresa; fe que guía a vivir día a día agradando a Dios. Una persona de fe dice: "Quiero agradar a Dios todos los días de mi vida", en cualquier circunstancia. Dios busca nuestro amor y nuestra obediencia, no busca nuestros tesoros o nuestros grandes logros.

La fe hace que deseemos agradar a Dios con los tesoros y los logros que hayamos alcanzado, aunque ninguno de estos puede impresionar a Dios más que lo que le impresiona ver: nuestro amor y la dedicación con la que le entregamos lo que hemos alcanzado.

Es nuestra fe puesta en acción la que nos mueve a hacer lo que otros no han estado dispuestos a hacer; esa es la fe que agrada a Dios. Creer como Abraham, sin saber a dónde Dios te lleva. Una fe que agrada a Dios contrasta con la fe relativa que predomina hoy día.

Una Fe relativa

Siempre me estremece la historia de aquellos leprosos que clamaban a gran voz a Jesús:

> *"¡Jesús, Maestro, ten misericordia de nosotros!"*
>
> *Lucas 17:11-19*

Jesús les manda que vayan y se muestren al sacerdote; ellos se marchan sin haber sido sanados aún, pero mientras iban de camino, fueron sanados. Se sanaron solo por obedecer la instrucción de Jesús en el camino. Los diez leprosos fueron sanados, pero sólo uno regresó para agradecer y dar gloria a Dios. Se postró rostro en tierra a sus pies, dándole gracias, dándole gloria a Dios.

Los diez hombres tuvieron fe para clamar por un milagro, tuvieron fe para obedecer la instrucción; tenían una fe relativa.

Solo uno tuvo una fe a otro nivel, una fe genuina, una fe para ser salvo: el hombre que regresó. Este hombre reconoció en Jesús a su Salvador y su Dios.

Todos pueden tener fe para creer que Dios cuida del futuro, una fe relativa. Esta fe que solo busca a Dios para encontrar un esposo o una esposa está limitada a recibir sanidad de la lepra. Necesitamos reaccionar como aquel leproso que regresó; no buscaba solamente sanidad, buscaba un Dios transformador de vida.

Una fe de descanso es aquella que sabe esperar en Dios, sabe glorificarlo aun sin ver su sanidad, aun sin encontrar a su pareja. Esa fe siempre mantendrá animado, completo y en paz a quien la tenga.

Dios honrará la fe de aquellos que le buscan de todo corazón, y no solo por interés de obtener un beneficio de Él.

Confiar en Dios trae descanso y acaba con el estrés de ver pasar los años y seguir soltero. La fe que agrada a Dios te traerá sanidad y también salvación.

Dios no quiere que vengas a Él solo por el interés de obtener tu pareja; eso es interés solo en el beneficio, en la sanidad. Tú puedes caminar con Dios a otro nivel: confiar y descansar en Él, reconociéndolo en todos tus caminos, esperando la manifestación de Dios en tu vida en forma de salvación, no solo de milagros y provisión.

> *"Y le dijo: Levántate, vete; tu fe te ha salvado."*
>
> *Lucas 17:19*

SOLTEROS Y ¿SIN COMPROMISO?

Relájate, Dios tiene una herencia

Tu llamado a tener pareja es una herencia. Es una invitación, un regalo, una bendición. Dios dijo que en Abraham serían benditas todas las familias de la tierra. Dios piensa en familia, nos ve como familias, nos bendice como familias.

La familia es idea de Dios; desde la creación decidió que su diseño para llenar la tierra y hacerse de un pueblo que le sirviera sería en forma de familia. Sus analogías para describir su relación con la humanidad son en forma de Padre e hijos, de novio y esposa.

Dios creó el concepto de la familia y el matrimonio, y no se equivocó. Hay deleite en la relación matrimonial y en la vida de pareja; es un regalo del cielo.

El libro de Proverbios dice que la casa y las riquezas son la herencia que los padres pueden dar a un hijo, pero los padres no tienen a su alcance darle por herencia una buena esposa o un hombre prudente.

> *"La casa y las riquezas son herencias de los padres;*
> *Mas de Jehová la mujer prudente"*
>
> *Proverbios 19:14*

Dios es el único que puede darte una buena mujer o un buen hombre como esposo. Es Dios quien tiene la autoridad para darte una buena herencia.

Dios, como buen Padre, siempre buscará lo mejor para sus hijos, y Él realmente conoce qué es lo mejor para ti.

Hace algunos años recibí el entrenamiento de Liderazgo Cristiano del Instituto Haggai. Fue la primera vez en mi vida que pude compartir con tantas culturas y relacionarme con personas de muchas naciones distintas a la mía. Estuvimos por 23 días compartiendo habitación con mis compañeras de Filipinas y de la India. Nos contábamos historias de nuestras vidas y de nuestro caminar con Dios. Aún guardo recuerdos de nuestro tiempo de convivencia y también los regalos que nos intercambiamos: un precioso collar y aretes de mi amiga India, y mis bolsitas de cosméticos de mi amiga Filipina.

Pero guardo también las historias de sus vidas, y mientras escribo estas páginas no puedo dejar de pensar en mi amiga de la India, quien conoció a su esposo dos días antes de su boda. No lo había visto antes, más que en una reunión familiar donde lo vio lejanamente conversando con otros muchachos. No sabía su nombre, ni sus preferencias, no conocía sus risas ni sus historias; prácticamente no conocía nada de él, hasta la noche de la boda.

SOLTEROS Y ¿SIN COMPROMISO?

En la India, las familias tradicionales, según su cultura, son los padres quienes hacen la selección del esposo o la esposa para sus hijos. Mi amiga india me contó que, en su familia, que es cristiana, fueron sus padres quienes desde que ella era niña pactaron con otra familia cristiana para que sus hijos se casaran cuando crecieran. Curiosamente, el esposo es bastante mayor que ella, pero aun así los padres del novio hicieron que esperara a que la chica creciera para proceder con el matrimonio. Ella enfatiza que no había conocido a su esposo antes, sino hasta los preparativos finales de la boda, y eso porque él regresó de otra ciudad para estar presente.

Esta cultura se basa en que los padres siempre decidirán lo mejor para sus hijos, y se rige por el principio de confiar en que los padres los aman y por lo tanto harán la mejor elección para ellos. No estoy tan segura de que los padres terrenales puedan hacer siempre la mejor elección, pero estoy convencida de que el Padre celestial sí lo hará y jamás se equivocará. En el caso de mi amiga, se enamoró de su esposo y resultó ser el hombre idóneo para ella. Final feliz.

Lo importante no es solamente encontrar a la persona ideal,
sino ¡ser la persona correcta!"

Nuestro Padre celestial, que es omnisciente (que todo lo sabe), puede hacer una buena elección para ti. Es más, Dios ha preparado una herencia especial para ti, y esa herencia es buena y nadie te la quitará. Conocer esto trae mucho descanso al corazón, porque toda la potencial preocupación sobre la escasez de buenos candidatos se acaba. La preocupación de que todos los de tu edad se están casando y que ya no te quedará nada, no es cierta.

Cuando sabes que Dios tiene preparada para ti una herencia, y esa herencia está apartada y guardada para ti, eso cambia el panorama de desesperación y frustración. Vendrá, la herencia para tu vida vendrá. ¡Celebra porque pronto llegará!

Ezequiel 46:18 hace referencia a un príncipe que da y reparte herencia a sus hijos.

Dice que no tomará de la herencia de otros en el pueblo, sino de lo que es suyo; de eso heredará a sus hijos: "De lo que él posee dará herencia a sus hijos, a fin de que ninguno de mi pueblo sea echado de su posesión."

Dios va a escoger tu herencia de lo que es suyo. Va a buscar dentro de sus hijos a uno hermoso y temeroso de Dios para ti. No va a ir a buscar en el mundo, no va a buscar dentro de los que no le conocen una buena herencia para ti. Tengo la certeza de que, dentro de sus siervos temerosos, Dios ha preparado un buen hombre para ti. Estoy convencida de que, entre sus siervas amantes de Su presencia, se ha reservado una hermosa chica para ti. El interrogante de oro es: ¿Eres tú una buena herencia con la que Dios puede contar, y decidir darte por heredad suya a tu pareja?

Es muy fácil verlo desde el punto de vista del receptor: decirle a Dios "Aquí estoy, no te olvides de mí, estoy en la fila esperando mi turno para recibir la herencia. Dame la mejor, Señor".

Dios está pensando tanto en ti como en tu pareja. Si Él va a buscar lo mejor de su herencia para dártela a ti, también va a buscarte a ti con lo mejor que tú tengas para entregarte a uno de sus hijos o hijas amados. ¿Qué tal si, en vez de perder el tiempo, te preparas para que Dios se luzca cuando te entregue por herencia? ¿Qué tal si, en vez de estar suspirando por otros que ya están recibiendo su herencia, tú más bien te preparas y te alistas para ser la mejor herencia que Dios tenga para dar? Esto sin duda traerá paz a tu corazón, porque te llevará a un nivel más alto de entendimiento: ¡el nivel de ser una buena oferta, en vez de ser solo una buena demandante!

Lo importante no es solamente encontrar a la persona correcta, sino ser la persona correcta.

SER LA PERSONA CORRECTA

Invertir en uno mismo es la mejor forma de prepararse para ser la persona correcta para alguien. Inviertes en ti para ser mejor cada día, primero para agradar a Dios y, como resultado, para ser una persona conforme a Su corazón.

Lees libros, aprendes idiomas, desarrollas habilidades —ya sea en mecánica, cocina, costura, o en estudios superiores como una maestría—. Pero sobre todo, inviertes en lo eterno: te ocupas en buscar más de Dios, estudias la Biblia, participas activamente en el servicio de la iglesia.

Desarrollas los dones del Espíritu que te han sido dados, afinas tu oído para escuchar la voz de Dios, crees y creces espiritualmente, y te conviertes en el hombre o la mujer de Dios que fuiste llamado a ser.

La clave está en hacer de Dios tu deleite, en descubrir que tu vida tiene sentido cuando lo colocas a Él en el centro.

Al hacerlo, tu plan de vida cambia: el objetivo ya no es simplemente casarte, sino agradar a Dios en todo.

Mientras te deleitas en el Señor y reposas en la confianza de que Él tiene un plan para ti —como solemos decir al evangelizar: "Dios tiene un plan maravilloso para tu vida"—, más afinados estarán tus sentidos espirituales para obedecerle y caminar conforme a Su voluntad.

Como resultado, te conviertes en el mejor potencial para ser la persona correcta para alguien correcto.

SOLTEROS Y ¿SIN COMPROMISO?

Solo cuando te deleitas en el Señor, Él proveerá para tus necesidades —incluso tus necesidades emocionales y de pareja—.

Recuerda que el propósito de tu vida es adorar a Dios, vivir para Él y no para ti mismo. Cuando estás cumpliendo ese propósito, alcanzas la felicidad plena: con pareja o sin ella, con novio o sin él.

SOLTERO POR LLAMADO...

No es bueno que el hombre o la mujer estén solos, a menos que hayan recibido el don del celibato. A un chico o una chica les convendría casarse. En la mayoría de las personas existe un deseo innato de encontrar a su pareja y complemento; es una fuerza instintiva que mantiene viva la esperanza de un futuro al lado de alguien especial.

Sin embargo, quien ha recibido el don del celibato entiende que su vida está reservada para un propósito diferente: un propósito espiritual que Dios tiene planeado. Este es un don. Es importante reconocer que no a todos les ha sido dado este don, el cual es para dedicarse a buscar de Dios y servirle, no para vivir frustrados.

Si en tu corazón está el anhelo de tener un compañero en la vida, Dios te lo dará. En cambio, cuando tienes el llamado de Dios para dedicarte solo a Él, la paz será un regalo que disfrutarás todos los días.

Los eunucos espirituales genuinos son hombres o mujeres con un corazón dispuesto a hacer la voluntad del Padre.

Conozco cientos, o quizás miles, de mujeres solteras; la mayoría ya tuvieron un matrimonio anterior o son madres solteras. El 90 % de ellas están desesperadas por encontrar una nueva pareja. Algunas, incluso de edad avanzada, aún oran y esperan a la persona que Dios tiene para sus vidas.

No quiero desalentarlas. Estoy segura de que, si están leyendo este libro, es porque albergan la esperanza de que, en la agenda de Dios, haya un galán que las espera. Y es muy probable que así sea. Dios actúa de formas sorprendentes e inimaginables.

Para ellas —o ellos— no es este llamado de eunucos espirituales, ya que quienes realmente son llamados al celibato reciben en su corazón una convicción que les hace sentirse continuamente felices y profundamente realizados.

Es un llamado muy especial y no les es dado a todos. De hecho, creo que hay muy pocos hoy en día con un llamado genuino. Los eunucos espirituales escogen solo a Dios: "escojan lo que yo quiero".

SOLTEROS Y ¿SIN COMPROMISO?

> *"Porque así dijo Jehová: A los eunucos que guarden mis días de reposo, y escojan lo que yo quiero, y abracen mi pacto, yo les daré lugar en mi casa y dentro de mis muros, y nombre mejor que el de hijos e hijas; nombre perpetuo les daré, que nunca perecerá."*
>
> Isaías 56:4-5

Siempre ha existido el cuestionamiento sobre la conveniencia o no de una vida matrimonial.

Con tantos desafíos que presenta la vida en pareja, y ante la posibilidad de un divorcio, los discípulos de Jesús se atrevieron a cuestionarlo.

Consideraron las condiciones adversas de vivir con alguien a su lado, la tajante instrucción de que no existe el divorcio, y la idea —para algunos horrorosa— de tener que permanecer con la misma mujer toda la vida. Por eso se atrevieron a decirle a Jesús que, ante tal condición, no convenía casarse.

La respuesta de Jesús es poderosa, porque nos ofrece una enseñanza espectacular sobre dedicar la vida al servicio de Dios en forma célibe; es decir, sin tener relaciones sexuales ni casarse. Jesús aclara que se trata de una decisión personal, para dedicarse al Reino de los Cielos.

Es necesario tener la capacidad para renunciar al deseo innato y al derecho de tener una esposa o esposo, y formar una familia. No a todos les ha sido dado este don; no todos tienen esta capacidad.

"LE DIJERON SUS DISCÍPULOS: SI ASÍ ES LA CONDICIÓN DEL HOMBRE CON SU MUJER, NO CONVIENE CASARSE.

> *Entonces él les dijo: No todos son capaces de recibir esto, sino aquellos a quienes es dado.*
> *Pues hay eunucos que nacieron así del vientre de su madre,*
> *y hay eunucos que son hechos eunucos por los hombres,*
> *y hay eunucos que a sí mismos se hicieron eunucos por causa del reino de los cielos.*
> *El que sea capaz de recibir esto, que lo reciba."*
>
> *Mateo 19:10-12*

Pablo también nos dice que mejor es casarse que quemarse. Insiste en que mantenerse soltero y puro es un don. En el capítulo 7 de 1ª de Corintios, hace una larga explicación sobre los problemas del matrimonio, y cómo un soltero o soltera tienen mayor libertad para servir a Cristo; se ahorrarían muchos problemas.

SOLTEROS Y ¿SIN COMPROMISO?

Aunque, al igual que Jesús, Pablo aclara que no a todos les ha sido dado este don. Cada uno tiene su propio don de Dios.

Así que, si no eres de los que tienen el don de ser un eunuco espiritual, es mejor que te apresures a buscar al varón o la mujer que Dios tiene para tu vida.

> *"Digo, pues, a los solteros y a las viudas, que bueno les fuera quedarse como yo; pero si no tienen don de continencia, cásense, pues mejor es casarse que estarse quemando."*
>
> *1 Corintios 7:8-9*

Capítulo 7
VIVIERON FELICES PARA SIEMPRE

"Vivieron felices para siempre" es la frase más popular del mundo. Es el final típico de una película, una novela o un cuento infantil. Todo es romance, amor, ilusión, pasión y alegría. Pero en la vida real no es así, y todos lo sabemos.

Los pensamientos populares, con el tiempo, se llegan a considerar verdades. Erróneamente, se cree que una pareja se casa por amor y que ese amor los mantendrá unidos para siempre. Sin embargo, basarse en esa premisa ha llevado a muchas parejas a la separación, porque así como la vida es frágil, el amor también lo es. El amor puede deteriorarse, desgastarse y, con el tiempo, acabarse.

El amor necesita dinamismo, cuidado, y una constante decisión de amar. El matrimonio no es un evento al azar, ni se trata solo de tener el pastel soñado, el príncipe azul o la supermodelo en el altar, todo lleno de romanticismo y promesas de "amor para siempre". El amor es mucho más que eso: es una decisión intencional. Se decide amar o no, y por eso el amor es dinámico. El romanticismo pasa, pero el amor —como determinación— permanece.

Es necesario comprender que el matrimonio es una alianza, donde el amor está implícito, pero va mucho más allá de un mero sentimiento.

Una relación de pacto

Si has puesto atención a las ceremonias de matrimonio, habrás notado que se hace referencia a una relación de pacto. De ahí surge la promesa tan conocida del ritual matrimonial: "en la salud y en la enfermedad, en la pobreza y en la riqueza, en la abundancia y en la escasez".

En una relación de pacto, las circunstancias adversas no cambian el estado de amar. Aún más, el amor es probado en la adversidad, y esta lo fortalece.

El amor crece conforme se alimenta, y debe alimentarse de manera intencional y voluntaria.

Cuando las parejas adoptan este entendimiento, nada puede separarlas. El amor se desarrolla y se afianza con el tiempo. Las adversidades dejan a su paso matrimonios fuertes y saludables, capaces de enfrentar cualquier circunstancia difícil.

La decisión que tomaron de amarse y acompañarse por toda la vida prevalece, incluso en tiempos complicados, y vivirán disfrutando cada día.

Muchos jóvenes hoy en día no dedican tiempo ni energía a entender lo que realmente significa el matrimonio. Los conceptos populares sobre el amor son limitados; se cree que el amor consiste en recibir más que en dar.

Pero el propósito del amor es disfrutar de una relación de pertenencia e interdependencia, donde ambos valoran la compañía del otro y reconocen el compromiso de ser compañeros para toda la vida.

Cuando se establece un pacto matrimonial, hay también un compromiso con Dios de mantener esa relación.

¡En ese sentido, la actitud hacia el matrimonio cambia, y también la actitud hacia el amor cambia!

La idea original de Dios es que el pacto matrimonial sea firmado con la tinta del amor, porque es el amor lo que hace la vida en pareja más alegre. Uno de los grandes mandamientos es: "ámense unos a otros". Aprendan a vivir en amor, sean compañeros de vida, y disfruten esa aventura.

Antes de lanzarte a una relación matrimonial, debes entender que hay implicaciones espirituales. El pacto del matrimonio es espiritual, no solo un convenio legal. El pacto sellado con amor lo hace divertido y refrescante. El propósito del matrimonio es que lo disfrutes.

Dios hace referencia a la mujer como "la mujer de tu pacto" cuando le reclama al pueblo su falta de lealtad. Dios es un Dios de pactos, y espera que sus hijos también sean hombres y mujeres de pacto, como lo expresa en Malaquías 2:14.

El diseño de Dios es hacerse de un pueblo que le sirva. Para ello toma a dos personas —hombre y mujer— y los hace uno, con el propósito de que le den descendencia a Él. Esta declaración es trascendental en la vida de un joven, porque tiene un significado espiritual. El profeta aclara diciendo: "guardaos en vuestro espíritu"; es decir, cuida lo espiritual como espiritual.

El matrimonio es un acto espiritual. Allí se establece un pacto entre un hombre, una mujer y Dios. Un pacto de tres, que requiere lealtad hasta el final de los días.

¿Quieres agradar a Dios? Toma la herencia de tu esposo o esposa prometida y sé leal. No tengas temor, el matrimonio es también divertido. Muchos no quieren arriesgarse y sienten miedo ante la decisión de formar una familia, pero ese temor es infundado y demuestra falta de fe. Hay propósito en unirse en matrimonio. No huyas; cumple tu propósito. Dios se agrada de aquellos que obedecen sus mandamientos y cumplen el propósito para el cual Él los creó. ¡Arriesga!

> *"Y esta otra vez haréis cubrir el altar de Jehová de lágrimas, de llanto y de clamor; así que no miraré más a la ofrenda para aceptarla con gusto de vuestra mano. Mas diréis: ¿Por qué? Porque Jehová ha atestiguado entre ti y la mujer de tu juventud, contra la cual has sido desleal, siendo ella tu compañera, y la mujer de tu pacto. ¿No hizo él uno, habiendo en él abundancia de espíritu? ¿Y por qué uno? Porque buscaba una descendencia para Dios. Guardaos, pues, en vuestro espíritu, y no seáis desleales para con la mujer de vuestra juventud. Porque Jehová Dios de Israel ha dicho que él aborrece el repudio, y al que cubre de iniquidad su vestido, dijo Jehová de los ejércitos. Guardaos, pues, en vuestro espíritu, y no seáis desleales."*
>
> Malaquías 2:13-16

El esposo o la esposa son una herencia de Dios. No es cuestión de belleza, popularidad o fama. El matrimonio es un regalo de Dios para todos aquellos que han comprendido Su promesa para el matrimonio.

Dios tiene un plan de bien para tu vida, un plan que termina en darte un futuro y una esperanza. Ese plan incluye una esposa o un esposo.

No te encierres en autocompasión. Si Dios lo ha dicho, Él lo hará. Para confirmarlo, recordemos lo que dice Su Palabra:

> *"El que haya esposa halla el bien,*
> *y alcanza la benevolencia de Jehová."*
>
> *Proverbios 18:22*

Un buen matrimonio

Un buen matrimonio depende de la disposición que cada uno tenga para invertir en la relación. Hoy en día, muchos hombres y mujeres casados no tienen como prioridad mantener una relación sana. La familia les parece una complejidad añadida a los desafíos de la vida. Para muchos, el matrimonio resulta inoportuno y oneroso; una responsabilidad que no vale la pena adquirir.

Sin embargo, en un matrimonio exitoso, ambos están dispuestos a morir al ego, a ceder, a dar espacio y a reconocer la razón del otro. Como mencioné anteriormente, en la búsqueda de pareja se debe ser proactivo. La esposa y el esposo se buscan y se conquistan. Pero el hecho de que Dios haya hecho dormir a Adán confirma la participación sobrenatural en la provisión de una pareja.

Siempre proactivo, siempre conquistador, pero en reposo y confianza. Es necesario alinear el corazón del que busca esposa con el corazón de Dios.

Las verdaderas conquistas ocurren primero en el corazón. Por eso, antes de buscar pareja en el exterior, busca en tu corazón.

Recuerda: el esposo y la esposa no se encuentran en las fiestas ni siquiera solo en la iglesia. Se encuentran en el secreto con Dios. En ese lugar íntimo se descubre el corazón de Dios, y eso te prepara para un buen matrimonio.

Sujetarse unos a otros

El concepto de sujeción es muy difícil de explicar, y aún más difícil de cumplir. En las despedidas de soltera donde me han invitado a compartir la Palabra de Dios con futuras esposas, disfruto mucho hablar sobre temas difíciles relacionados con el matrimonio.

Porque, ¿qué crees? Ninguna de las novias se va a arrepentir de casarse, ni va a dar marcha atrás solo por haber escuchado una palabra dura sobre el matrimonio. Aun los temas más álgidos, en una mujer ilusionada, son como un postre a su paladar. Todas dicen: "sí, sí, yo sé... pero lo voy a poder sobrellevar".

Recientemente prediqué en la despedida de soltera de mi sobrina, donde pude retratar lo que significa vivir una vida de sujeción. La versión tosca de Efesios 5:21-22, desde mi punto de vista —como mujer casada por más de 30 años— la puedo explicar con facilidad asociándola a una analogía que viví, de cómo aprendí mi interpretación de ser una mujer sujeta.

Cuando era adolescente, mi papá solía llevarnos en su moto Honda 125 cc color naranja. Él consideraba que era más fácil moverse en moto por la ciudad, además de ser muy divertido y económico. Recuerdo que, desde los 13 años, nos llevaba por turnos a mi hermano y a mí a pasear en moto. Su instrucción siempre fue: "sujétate bien". Eso implicaba pegarse cuerpo con cuerpo, rodear su cintura con ambos brazos y mantenerme así todo el camino.

Cuando íbamos por carreteras empinadas y sinuosas, era aún más importante sujetarse bien: cuerpo con cuerpo y brazos firmes alrededor de su cintura. Cuando tomábamos curvas y él se inclinaba hacia un lado, mi reacción natural era contraria: empujar mi cuerpo hacia el lado opuesto, como un reflejo automático. Si la moto y mi papá se inclinaban hacia la derecha, yo, por instinto, me lanzaba hacia la izquierda, creyendo que así contrarrestaba el movimiento. ¡Mi papá lo odiaba! Me gritaba con firmeza: "¡No te lances hacia el otro lado, nos vamos a caer!". Al final del recorrido me regañaba, explicándome que la clave para viajar en moto es mantener el equilibrio entre el cuerpo, la moto y la carretera, y que al inclinarme en dirección contraria al conductor, le hacía perder el balance.

SOLTEROS Y ¿SIN COMPROMISO?

Nunca nos caímos.

En mis años de casada he batallado con el balance en el matrimonio. A mi esposo le encanta andar en moto y siempre quiere que lo acompañe. Por supuesto, no le costó enseñarme a ser su acompañante, porque mi padre ya me había ayudado —con firmeza o como fuera— a entender la aerodinámica y el acoplamiento al conducir.

Ahora, cuando me subo con él, me pego a su cuerpo, lo rodeo con los brazos y dejo que él marque la velocidad, incline la moto en las curvas, avance con seguridad por caminos reducidos y sinuosos, salte túmulos y siga adelante por rutas difíciles. Mi tarea es sujetarme bien y seguir el ritmo de quien conduce.

Cuando viajo en moto con él, comprendo con claridad el concepto de estar sujeta. Él conduce, yo me sujeto. Sigo con fidelidad el compás del equilibrio que él mantiene para que ninguno de los dos caigamos, para que avancemos juntos y lleguemos a nuestro destino con éxito.

Es simple: mientras él conduce la moto, yo me sujeto.

Tengo que ser honesta: oro en cada camino. Clamo a Dios que le dé gracia, sabiduría y pericia a mi esposo para conducir bien y tomar decisiones que nos lleven a buen destino. Esto es exactamente lo que describe el apóstol Pablo en su carta a los Efesios: "Sujetaos unos a otros", "cuídense unos a otros".

Pero cuando uno conduce, el otro se sujeta. Esa es la clave para mantener el aerodinamismo del vehículo en el camino. Esta sencilla explicación de la sujeción me ha enseñado a vivir más relajada, flexible y de buen ánimo. Con este entendimiento se aprende a ceder el control a tu cónyuge y a confiar en que Dios lo guiará para llevar a la familia a un destino seguro.

> *"Someteos unos a otros en el temor de Dios. Las casadas estén sujetas a sus propios maridos, como al Señor."*
>
> *Efesios 5:21–22*

Las chicas deben tener un buen ojo para saber a quién le van a entregar el timón de la moto de su familia. Debemos entender que los dos no pueden conducir al mismo tiempo: uno conduce y el otro se sujeta. De acuerdo con la instrucción del apóstol Pablo, los maridos llevan el timón del barco del matrimonio —o de la moto.

El esposo escucha las recomendaciones de su esposa, y juntos deciden el destino, la trayectoria, las paradas, las visitas, la velocidad e incluso la marca del vehículo. Pero cuando van en avanzada, él es quien conduce.

No cabe duda de que tener un conductor lleno de sabiduría, experiencia y pericia es lo ideal para confiarle los privilegios de conducir tu vehículo. Tener un conductor lleno del Espíritu Santo, que se sujeta a Dios, hará del camino uno victorioso y agradable.

Los chicos también deben tener ese ojo experto al elegir a su acompañante: una mujer sencilla y dispuesta a seguir. Una mujer enseñable, que sepa escuchar y tenga sabiduría para aprender. La sujeción es un arte, y solo una chica segura de sí misma podrá ceder el control sin temor, entendiendo que forma parte de un equipo, en lugar de querer ser el equipo por sí sola.

La esposa ora por su esposo y confía en que Dios los guiará para cumplir su propósito eterno como familia. Siempre está dispuesta a interceder para que la dirección de Dios guíe a su esposo. Es un gran regalo tener una esposa intercesora, que apoya y anima a su esposo en sujeción.

Afina tu oído espiritual. Dios te guiará hacia la persona que Él ha guardado para ti, y podrás identificar esas características espirituales en tu futura esposa o esposo.

A PESAR DE LA SABIDURÍA

La Biblia nos relata en 1ª Reyes 11:1-3 cómo Salomón amó a muchas mujeres de diferentes etnias y pueblos. El problema no fue únicamente que tuvo esas mujeres, sino que las amó, y su corazón quedó ligado a ellas. No termino de asimilar lo que le pasó a Salomón: lo tenía todo —riquezas, fama, sabiduría, carisma—, era muy amado, muy apreciado, altamente reconocido y respetado.

Pero una pequeña puerta lo traicionó: su corazón liviano, que se enamoraba de cualquiera. Estas "cualquiera" lo echaron a perder.

¡Qué pena para los jóvenes hombres y mujeres cristianos que aman a Jesús como Salomón amaba a Dios, pero cuyos corazones no pueden mantenerse fieles! Estos chicos, con un corazón genuino para buscar a Dios, son ingenuamente traicionados por sus propias pasiones. Resultan ser más fuertes sus entrañas y sus afanes. Los ojos les muestran mujeres hermosas, y a las chicas, hombres guapísimos, y se dicen a sí mismos: "Yo lo voy a convertir, conmigo se va a hacer cristiano", y al igual que Salomón, corren a los brazos de moabitas y amonitas.

Pero Salomón, con el pasar de los años y al hacerse viejo, no pudo resistir tanta terquedad de sus mujeres, y pronto cedió a sus caprichos. No parece diferente hoy en día para los chicos que se enamoran de moabitas y amonitas. No podrán resistir por mucho tiempo, y terminarán cediendo a los caprichos de su pareja. Tendrán que tomar una decisión: ser fieles a sus convicciones o ceder a los pedidos de su pareja, con tal de llevar la vida en paz.

Es sencillo decidir: más vale una vida liviana y alineada con Dios, que estar continuamente resistiendo la oposición de una mujer o un hombre que arrastra a la idolatría, a la autocomplacencia, a la vida de afanes y riquezas. "Si no puedes contra ellas, únete a ellas"… justo lo que seguramente pensó este famoso rey. No lo dudes: si

Salomón no pudo contra ellas, tú tampoco podrás. Los límites que no marques al inicio de una relación no los podrás marcar más adelante.

VIENDO EL CORAZÓN

Ambos, chicos y chicas, necesitan desarrollar la habilidad de ver como Dios ve.

Dios ve un destino y un futuro para una familia de Su Reino. Él tiene un propósito para Él mismo cuando forma una familia. He allí la clave: ver como Dios ve.

Por mucho que te esfuerces en escoger a la mejor persona como esposa o esposo, lo apremiante es ver cómo Dios ve, y escoger como Dios escoge.

La lección que aprendió el profeta Samuel fue no ver lo que sus ojos ven. Aprendió a ver más allá. Aprendió a ver el corazón. Porque Dios no ve la imagen, ni la fanfarronería, ni la primera impresión. Dios no pone atención a cómo viste o cómo habla. Dios ve el corazón.

¡Eso es! ¡Es el corazón! La clave para tener a la persona correcta a tu lado el resto de tu vida es aprender a ver el corazón.

Los chicos tienen la tendencia de ver lo que sus ojos ven, lo cual es muy instintivo: "Es guapa, es alta, es simpática, es rubia, es... es..."

Las chicas también ven con ojos naturales: "Tiene modales, es cariñoso, es agradable, es simpático, es... es..."

Pero el verdadero ejercicio está en descubrir qué hay en el corazón: cómo es su temor a Dios, cuáles son sus planes en Dios para el futuro, cuál es su anhelo de dedicar su vida a servir al Señor. Ese es el ejercicio continuo en la conversación e interacción con un pretendiente: descubrir lo que realmente hay en su corazón.

Para eso necesitas entrenarte a ver más allá de lo que hay frente a tus ojos. Entrenar el ojo para ver el corazón requiere mucho tiempo de oración y de permanecer en el secreto de Dios, ya que allí descubrirás el corazón de Dios. Una vez que el corazón de Dios te sea revelado, estarás sincronizado con Él para ver lo que Él está viendo y planeando para ti.

Eso fue lo que le pasó a Samuel: tuvo que descartar a siete hermanos de David antes de que le fuera mostrado el escogido por Dios. Muchas chicas tendrán que pasar por ese mismo camino. En muchas ocasiones estarás convencida de que "éste debería de ser"... pero no es. Pasará otro y dirás "ahora sí"... pero tampoco. Hasta que te encuentras con un David de ojos hermosos y de buen parecer, y puedes escuchar la voz de Dios que dice: "Levántate y úngelo, porque éste es."

Esa certeza y esa determinación solo llegan cuando has estado por largo tiempo en el secreto de Dios.

> *"Y Jehová respondió a Samuel: No mires a su parecer, ni a lo grande de su estatura, porque yo lo desecho; porque Jehová no mira lo que mira el hombre; pues el hombre mira lo que está delante de sus ojos, pero Jehová mira el corazón."*
>
> 1 Samuel 16:7

El ejercicio de ver el corazón está directamente relacionado con el cumplimiento del propósito de Dios para una pareja.

Tuve una experiencia muy dura que me retrasó un par de años en continuar escribiendo este libro. Tenemos dos hermosos hijos, y hace algunos años nuestra hija comenzó una relación de noviazgo con un buen chico cristiano a quien conoció en la iglesia. Era trabajador y buena persona. Pero algo en mi corazón gritaba que no venía del corazón de Dios para nuestra hija. Todos en casa lo sabíamos. Conociendo el corazón de nuestra hija, este chico estaba lejos de compartir el mismo llamado y propósito que sabíamos que ella tenía.

Tuvimos mucha resistencia, tanto de la familia extendida como de la familia espiritual. Todos estaban a favor de que esta relación continuara. Pero en lo profundo de mi ser —eso que solo las entrañas de madre pueden sentir—, sabía que no venía del corazón de Dios.

Tuve que hacer una pausa en muchos proyectos personales y dedicarme a uno solo: interceder por estos chicos y clamar a Dios para que les diera sabiduría y revelara Su propósito para ellos. Declaré un año de intercesión y guerra espiritual. Durante un año completo estuve delante del trono de Dios clamando por el cumplimiento de Su propósito. Cubrí a mi hija en el ámbito espiritual, orando para que sus ojos fueran abiertos y su corazón alineado al de Dios.

Hoy puedo testificar cómo Dios obró en esa relación: espontáneamente se disolvió. Y ahora ambos están en relaciones distintas, alineadas al corazón de Dios. Nuestra hija está felizmente casada con un hombre que claramente tiene un corazón para Dios.

En aquel momento confirmé cómo una chica ilusionada debe luchar para poder ver como Dios ve. Todos los chicos en edad de casarse son vulnerables al "síndrome de Samuel": impresionados por lo que ven, por lo que la otra persona proyecta, por las emociones que sus sentidos despiertan. Incluso, influenciados por sus circunstancias o la necesidad de atención.

La ilusión es como una neblina: su corazón puede ir en la dirección correcta, pero la densa neblina le impide ver con claridad. Y un sendero con neblina es un gran peligro: la visión es tan escasa que con facilidad puede llevarte al precipicio.

Si tienes a alguien que pueda orar por ti mientras estás en una relación, pídele que lo haga. Que te apoye e interceda por ti con amor y constancia. El cumplimiento de tu propósito en Cristo es lo más importante en tu vida. Dios tiene cuidado de ti, y necesitas descansar en esa verdad.

Fui testigo de un milagro. Vi a Dios obrar. Y creo firmemente que muchos chicos se han equivocado y se han salido de los planes de Dios por dejarse llevar por la ilusión y la impresión de sus ojos. El principio de ver el corazón es de suprema importancia. La impresión visual puede ser solo un reflejo de la ilusión. No se puede ver bien. No puedes darte el lujo de confiar en la ilusión ni en lo que tus ojos le dicen a tu cerebro y a tu corazón.

Es necesario ir al secreto de Dios, clamar por dirección y esperar la confirmación del Señor. Solo así podrás afinar tu oído como lo hizo Samuel y escuchar Su dulce voz que dice:

> *"Levántate y úngelo, porque éste es."*
>
> *1 Samuel 16:12*

Como dije anteriormente: el esposo y la esposa no se buscan en la universidad, se buscan en el secreto de Dios. En el secreto aprendes a descubrir el corazón de Dios para ti. El lugar donde se encuentra a la pareja es primeramente espiritual: es yendo al secreto de Dios, descubriendo Su corazón para ti, y también descubriendo tu propio corazón ante Él.

Capítulo 8
ACTÚA PRONTO

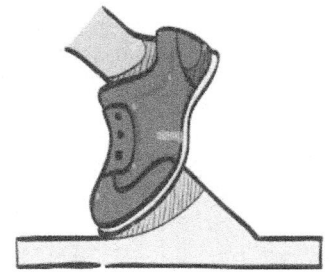

No hagas esperar al amor

El libro de Cantar de los Cantares es el libro de los enamorados, es el libro que nos motiva a estar enamorados, a entregar todo por el amor. En más de tres ocasiones, el autor nos repite, en forma categórica, que no hagas esperar al amor: "Que despertéis y NO hagas velar el amor." Dice con claridad: no lo hagas esperar o velar. Velar es estar en guardia, en espera, en alerta. La instrucción es: no lo retrases.

El hecho de no hacerlo esperar, o no hacerlo velar, tiene que ver con el evento de haber despertado el amor. Es decir, si ya despertó el amor en ti y en tu pareja, no debes perder el tiempo. Si ya nació el amor, si has encontrado al amor de tu vida, no lo hagas esperar; muestra ese amor y culmínalo con el matrimonio.

El concepto se vincula con la frase anterior: NO lo despiertes. Ahora, si ya lo despertaste, si te llegó el momento en que el amor ha sido activado, entonces es el tiempo justo para no esperar.

Me parece que hay mucha sabiduría en el hecho de no esperar. Si ya encontraste a la pareja con quien pasarás el resto de tu vida, no esperes. En su libro Somos Novios y ahora ¿quién podrá ayudarnos?, Jeffrey y Wenona de León nos dicen que la amistad debe ser larga y los noviazgos cortos. No podría estar más de acuerdo con eso.

Las amistades son para disfrutarlas y conocerse; pueden durar muchos meses o años. No despiertes el amor. Es tiempo de esperar en Dios, de ser amigos y disfrutar la vida. No despiertes el amor si aún no es el momento, si no hace falta; tranquilo, lo que viene será maravilloso.

Cuando llegue el momento de despertarlo, tú lo sabrás, y estarás en condiciones óptimas para no hacerlo esperar. Algo así como el amanecer: despertarse antes del amanecer es doloroso, prematuro y agotador, pero cuando llega el amanecer, es tan dulce el despertar. Dejar que pasen muchas horas después del amanecer tampoco es fisiológico. Estar durmiendo hasta las 11 de la mañana, quizás alguno lo tiene por costumbre, pero no es saludable ni funcional.

SOLTEROS Y ¿SIN COMPROMISO?

El ciclo del tiempo en una persona lleva un ritmo y sincronía; todo pasa en su momento y en su hora. De igual modo, el tiempo para establecer una relación es como despertar: pasa poco a poco, con suavidad y naturalidad.

El amor despertado con alarma, despertado forzadamente, produce un shock mental, como ser lanzado de la cama cada mañana. Mientras que el amor despertado en el tiempo correcto te llevará como el amanecer: natural, suave y tiernamente te permitirá ver el nuevo día, el amor de tu vida justo allí parado frente a ti.

Guiado por el Espíritu Santo, sabrás descubrir que el amor ha sido despertado.

La luz del sol regula la producción de una hormona natural del cuerpo conocida como melatonina. Esta hormona tiene muchas funciones en el organismo, siendo responsable principalmente del ajuste de nuestro "reloj interno". Es estimulada por la oscuridad y suprimida por la luz, por lo que tiene mucho que ver con nuestro ritmo circadiano y las funciones de nuestro cuerpo durante el día y la noche.

Así como esta hormona, el Espíritu Santo mantendrá tu ritmo y tu "reloj interno" hasta ver el cumplimiento del propósito de Dios para ti y el amanecer del amor manifestándose en tu vida.

Cuando eso suceda, no le hagas esperar. Si el amor llegó, si la convicción del Señor sobre tu pareja está presente, no hay razón para esperar.

Si, a pesar de que has recibido confirmación de Dios sobre tu pareja, persistes en postergar el matrimonio hasta tener todas las condiciones listas — comprar la casa, los muebles, el carro, el recurso para la fiesta de bodas, etc. — es claro que quieres tener todo bajo control.

La invitación de Cantares es que no le hagas esperar hasta que quiera, hasta que se sienta listo para comprometerse. En fe, da el paso del matrimonio aunque no todo esté resuelto.

> *"...Que no despertéis ni hagáis velar al amor, Hasta que quiera."*
>
> *Cantares 2:7*

No hagáis velar el amor hasta que quiera: no lo dejes a su antojo caprichoso, reconoce el tiempo y si es el tiempo, lánzate.

LA MEJOR EDAD PARA EL MATRIMONIO

Quisiera decir que la mejor edad es ni muy viejo ni muy joven, pero sería una aseveración equivocada. Me gustaría poder aplicar la ciencia y los estudios con adolescentes que he realizado en algún momento de mi vida y decir que los 23 años es el mejor momento, o mejor aún, decirte que muchos expertos y académicos muestran que entre los 25 y 27 años sería la mejor edad para el matrimonio, ya que los jóvenes están maduros física y emocionalmente y generalmente ya alcanzaron metas académicas y financieras. Además, muy comúnmente la sociedad y la familia los están presionando para salir de casa y casarse.

También quisiera decirte que estudios en universidades de Estados Unidos muestran que a mayor edad en el matrimonio, menores son las posibilidades de divorcio. Si esperas hasta los 30 para casarte, las estadísticas dicen que tus probabilidades de divorcio se reducen enormemente, a solo un 14 %, comparado con el 32 % de quienes se casan en la década de los 20 años.

Quisiera darte mucha información sociológica y antropológica sobre lo que el futuro podría ser en un matrimonio planificado, pero esto tampoco sería exacto. El asunto es que el tiempo y la hora la define Dios en la agenda de vida que ya preparó para ti. Esa es la respuesta correcta.

Desde luego, un matrimonio temprano en adolescentes, donde el cuerpo físico y el área emocional aún no han terminado de desarrollarse, no es la mejor edad ni tampoco será el propósito de Dios. Un matrimonio en adolescentes se opone al diseño de Dios. Ve a los relatos bíblicos: casi todos los matrimonios que se describen en la Biblia sucedieron después de los 40 años, al menos para el hombre. Por supuesto, la esperanza de vida en los primeros tiempos bíblicos era de más de 100 años; estamos de acuerdo en que muy pocos quieren esperar hasta tener 40 o más años, pero tampoco te apresures a los 14 o a los 18 años.

Pensar en el matrimonio demasiado temprano dice a gritos que no tienes ninguna otra cosa buena en qué pensar, o que estás huyendo de casa, que en tu vida hay falta de esperanza en Dios, falta de claridad de un propósito y un futuro, y que Jeremías 29:11 está totalmente fuera de tu radar de conocimiento y fe.

> *"Porque yo sé los pensamientos que tengo acerca de vosotros, dice Jehová, pensamientos de paz, y no de mal, para daros el fin que esperáis."*
>
> *Jeremías 29:11*

Por eso no podemos hablar de una edad, sino del tiempo de Dios para ti, de la agenda de Dios para ti. Tú tienes una agenda personal y sabes que Dios la maneja.

No te apresures, pero no te atrases. Esta es una alerta: deléitate en Dios, sintonízate con Dios.

No temas, no se te escapará el tiempo, el vagón del tren no te va a dejar, porque Dios ya reservó un lugar para ti y no te dejará de ningún modo.

Escuché a una jovencita de 15 años conversar con sus amigas y decía: "ya estoy vieja y no he tenido novio". Conversaban en la fila detrás de mí en la iglesia; no pude resistir, aunque lo intenté, lo prometo. Tuve que voltear a verla y le dije: "¿vieja? ¡Sí que arrugada que estás!" Ella y sus amigas se rieron, son mis amigas también, las conozco y las he visto crecer, así que nos reímos juntas. Por supuesto, hubiese querido decir algo diferente, como: "¿Vieja? Más bien aún necesitas crecer, yo tengo amigas viejas y tampoco tienen novio", pero su preocupación era genuina y me pareció que valía la pena respetarla. Además, son mis amigas y no quería sacrificar su amistad; también las otras "viejas" que mencioné son mis amigas.

La sociedad presiona, las amigas en la escuela también presionan. La música y las películas muestran chiquillos teniendo relaciones amorosas, incluso sexuales. La madre se pone a reír quisquillosamente cuando su hijita de 4 años llega con la historia de que ya tiene novio en el kínder. El padre voltea orgulloso cuando descubren una nota como esta en la mochila de su hijo de 8 años: Natalia le escribe a José "te sigo amando, aunque yo sé que dices malas palabras y que has tenido 4 novias antes que yo", Natalia al parecer tiene 7. ¡A todos les parece divertido! A mí me parece absurdo que los padres, desde niños, les celebren y les aceleren las ideas de las relaciones y el matrimonio fuera del camino de Dios.

Esa presión social hace que los jóvenes de hoy no tengan un oído afinado. Esas conductas erradas en la familia producen ceguera espiritual en lo concerniente al noviazgo, y nada de entendimiento sobre que jóvenes y adolescentes deben esperar la pareja que Dios tiene preparada para ellos y ellas.

No caigas en la trampa. Sacúdete esas enseñanzas del pasado, renueva tu mente. Atrévete a ser diferente.

La decisión de comprometerse

No creo en los noviazgos largos. No creo que los noviazgos deban ser extensos y que haya que esperar a hacerse viejos para tomar la decisión del matrimonio. Muchos quieren arreglar toda su vida antes de casarse, tener cubiertas las condiciones académicas, sociales y financieras. Creo que esas razones para retrasar el matrimonio no son válidas. Cuando ya encontraste a la persona que Dios tiene para ti, debes tomar la decisión y comprometerte.

¡Sí, soltero comprometido!

¡Sí, soltera comprometida!

Al encontrar a la persona que Dios tiene para tu vida, el periodo de noviazgo, a la manera de Dios, debe ser muy corto; solo espera recibir la confirmación de Dios, la bendición de tus padres y amigos, y la preparación para la boda. Retrasar el matrimonio pone en riesgo a la pareja y puede llevarlos a caer en el pecado. Por eso es importante que afines tu oído espiritual, que veas como Dios ve, para poner en marcha la fe.

SOLTEROS Y ¿SIN COMPROMISO?

Si la persona que Dios te está dando es conforme a Su propósito, Él preparará tus finanzas, ordenará tus compromisos sociales y tus anhelos académicos.

Necesitamos nuevas generaciones que se levanten y eduquen a sus padres, que les enseñen que hay un camino mejor. Generaciones de hombres y mujeres jóvenes que se atrevieron a renovar su mente, que creyeron en Dios con la certeza de que nadie les robará su parte. Que mientras confías en Dios y te complaces en Él, Él se ocupará de ti. Nadie te quitará a tu prometido ni a tu prometida. Mientras estés sintonizado con Dios, con tu oído espiritual afinado, sabrás reconocer el momento y a la persona. En ese instante, a ti que andas con Dios, la unción de Él te cubrirá, y te lanzarás valiente y sin vacilar

Los que se complacen en Dios tendrán asegurada su parte. No hay escasez para quienes confían en Él. La mentalidad de pobreza y escasez nos ha inundado, y es fácil pensar que las oportunidades son pocas, pero no es así para los que confían en Dios. Para los que se complacen en Él, hay futuro y esperanza.

> *"Se encomendó a Jehová, líbrele él; Sálvele, puesto que en él se complacía."*
>
> **Salmos 22:8**

Si pones tu confianza en Dios, no tendrás temor a la escasez de hombres ni de mujeres. Me sorprende cómo esta idea ha influido tanto en la sociedad actual: que hay pocos hombres dispuestos a comprometerse y mujeres que temen no encontrar con quién casarse.

Eso no es verdad. Dios es un Dios de abundancia, y Su amor echa fuera todo temor. Mientras más te concentras en buscar y rebuscar un hombre o una mujer, menos lo encontrarás.

Este es un libro que invita a renovar la mente, a esperar en el tiempo de Dios la persona indicada para ser tu esposa o tu esposo. Te invita a romper el círculo, desafiando a la sociedad a renovar la mente y a desarrollar un noviazgo a la manera de Dios.

Declaración bíblica sobre el noviazgo a la manera de Dios:

1. Dios busca a tu esposo y tu esposa para ti. Dios hace su parte, tú haces la tuya.
2. Dios tiene un tiempo determinado para tu matrimonio; Él cumplirá a su tiempo.
3. El noviazgo a la manera de Dios solo tiene como fin el matrimonio.
4. No existen las relaciones de pareja sin que su propósito sea el matrimonio.

SOLTEROS Y ¿SIN COMPROMISO?

5. Las relaciones de citas, salidas, besos y caricias NO son bíblicas.
6. La amistad es para ser disfrutada, y debes tener muchos amigos.
7. Existen los llamados por Dios a no casarse: los eunucos espirituales. Todos los demás deberían casarse.
8. Hay un llamado de Dios a establecer familias y llenar la tierra.
9. Tus emociones no te gobiernan; Dios gobierna tu vida.
10. Desarrollar un corazón sensible, dispuesto y preparado para las relaciones en pareja. Trabaja en tu corazón.

Made in the USA
Coppell, TX
14 February 2026

72035299R00118